Papa Francisco

Pai nosso que estais nos céus, santificado seja o Vosso nome.
Venha a nós o Vosso Reino.
Seja feita a Vossa vontade, assim na Terra como no Céu.
O pão nosso de cada dia nos dai hoje.
Perdoai as nossas ofensas, assim como nós
perdoamos a quem nos tem ofendido.
E não nos deixeis cair em tentação, mas livrai-nos do mal.
Amém.

(Mateus, 6:9-13)

Ave Maria cheia de graça, o Senhor é convosco,
bendita sois Vós entre as mulheres,
e bendito é o fruto do vosso ventre, Jesus.
Santa Maria, Mãe de Deus, rogai por nós pecadores,
agora e na hora da nossa morte.
Amém.

Papa Francisco

Reflexões diárias

EDITADO
POR
Kevin
Cotter

figurati

Título original: *Through the Year with Pope Francis: Daily Reflections*

Coordenação editorial: **Lindsay Gois**
Tradução: **Lizandra Magon de Almeida**
Capa e projeto gráfico: **Alberto Mateus**
Revisão: **Marisa Rosa Teixeira e Equipe Editora Figurati**
Diagramação: **Crayon Editorial**

Texto de acordo com as normas do Novo Acordo Ortográfico da Língua Portuguesa (1990), em vigor desde 1º janeiro de 2009.

Dados Internacionais de Catalogação na Publicação (CIP)
(Câmara Brasileira do Livro, SP, Brasil)

Francisco, Papa, 1936- .
Papa Francisco : reflexões diárias / Papa Francisco ; editado por Kevin Cotter ; tradução Lizandra Magon de Almeida. -- 1. ed. -- São Paulo : Figurati, 2014.

Título original: Through the year with Pope Francis : daily reflections.
ISBN 978-85-67871-18-9

1. Francisco, Papa, 1936- 2. Francisco, Papa, 1936- - Mensagens 3. Orações 4. Reflexões 5. Vida cristã I. Cotter, Kevin.

14-09302 CDD-242.2

Índices para catálogo sistemático:
1. Reflexões diárias : Cristianismo 242.2

figurati

Direitos cedidos para esta edição à
Editora Figurati Ltda.

Alameda Araguaia, 2190 - Conj. 1110
Alphaville Industrial - CEP 06455-000
Barueri – SP - Brasil
Tel. (11) 3699 - 7107
E-mail: atendimento@editorafigurati.com.br
Visite nosso site: www.editorafigurati.com.br

2014
Impresso no Brasil
Printed in Brazil

Esta obra foi editada com cuidado e de acordo com as normas gramaticais da língua portuguesa. No entanto, podem ocorrer erros de digitação, impressão ou dúvida conceitual. Em qualquer dessas hipóteses, pedimos sua colaboração a fim de esclarecermos e encaminharmos a questão. Envie um e-mail para atendimento@editorafigurati.com.br.

Reconhecimentos

As citações do Papa Francisco são usadas com a permissão das seguintes fontes:

- Homilias dadas no Domus Sanctae Marthae, originalmente publicadas pelo *L'Osservatore Romano*, copyright © 2013 da Libreria Editrice Vaticana.
- O site do Vaticano, www.vatican.va, copyright © 2013 da Libreria Editrice Vaticana.
- Jorge Mario Bergoglio, *Só o amor nos salvará* (Lucerna, 2013).
- Jorge Mario Bergoglio e Abraão Skorka, *Sobre o céu e a terra — o que pensa o novo Papa Francisco sobre a família, a fé e o papel da Igreja no século 21* (Companhia das Letras, 2013).
- Antonio Spadaro, SJ, "Um Grande Coração Aberto a Deus", revista *America* (30 de setembro de 2013).

Salvo indicação contrária, as citações bíblicas usadas neste trabalho foram tomadas a partir da *Segunda Edição Católica da Versão Padrão Revisada da Bíblia* (RSV), copyright © 1965, 1966 e 2006 pela Divisão de Educação Cristã do Conselho Nacional do Igrejas Cristãs nos Estados Unidos da América. Outras citações bíblicas foram tomadas a partir da *Bíblia Sagrada, Nova Versão Internacional* (NIV), copyright © 1973, 1978 e 1984 pela Sociedade Bíblica Internacional. Usado sob permissão da Zondervan Publishing House.

Introdução

A escolha do Papa Francisco como o líder da Igreja Católica foi surpreendente. Uma renúncia inesperada e quase sem precedentes do Papa Bento XVI abriu caminho para a eleição do nosso primeiro papa argentino e jesuíta. Poucos tinham ouvido falar e menos ainda se sabia sobre o Cardeal Jorge Mario Bergoglio, mas as reações aos seus primeiros momentos como Papa Francisco foram frenéticas e causaram um furacão de atenção e comentários da mídia. Esse começo inesperado foi correspondido pelas ações e pelas palavras do papa durante seu papado.

O Papa Francisco é um comunicador maravilhoso. Como muitos grandes oradores, ele nem sempre diz algo novo, mas sim algo familiar que de alguma forma traz uma nova clareza e um novo discernimento.

Então, qual é a sua mensagem? Como os papas antes dele, o Papa Francisco proclama a mensagem de Jesus, a mensagem do Evangelho — uma mensagem que, às vezes, é alarmante, reconfortante, inacreditável, simples, radical e, de certa forma, tudo isso ao mesmo tempo. À sua maneira simples e envolvente, o Papa Francisco nos permite ouvir essa poderosa mensagem mais uma vez.

Este livro de reflexões vai ajudá-lo a explorar essa mensagem em pequenas porções, adequadas para o momento da oração. Pense nele como o seu *shake* de proteína diário, ou como uma dose de energia da mensagem do Evangelho, como o próprio Papa Francisco afirma.

O material foi organizado de modo que você possa não apenas ler as palavras do Papa Francisco mas também refletir sobre o significado delas em sua vida, enquanto você se detém sobre as perguntas que se seguem a cada meditação.

São Francisco de Sales, um dos grandes mentores espirituais entre os santos, oferece seis passos para a oração que lhe permitirão entrar mais profundamente em meditação e diálogo com o Senhor:

1. *Coloque-se na presença de Deus.* Lembre-se de que Deus está perto de você. Reserve um momento para convidá-lo para o seu momento de prece. Encontre-o como se estivesse encontrando um amigo.
2. *Peça ajuda a Deus.* Peça que Ele o auxilie em sua meditação. Ore para que Deus use esse tempo para atraí-lo para mais perto Dele.
3. *Leia uma passagem das Escrituras ou de algum outro trabalho espiritual.* Nesse caso, as leituras espirituais serão as palavras do Papa Francisco, mas também considere complementá-las com as Escrituras, o *Catecismo da Igreja Católica* ou outras leituras espirituais.
4. *Reserve um tempo para refletir e meditar sobre o que você leu.* Seu objetivo não é necessariamente aprender alguma coisa, mas aprofundar-se em um relacionamento com Jesus e compreender a si mesmo e a Deus mais intimamente. Ouça o que Deus está tentando lhe dizer.

5 *Tenha uma conversa com Deus sobre suas reflexões e seus pensamentos.* Nessa etapa, você deve perguntar a si mesmo: o que se destacou para você na sua leitura espiritual? O que Deus está tentando lhe dizer com o que você acabou de ler? Que sentimentos surgem em seu coração? Fale com Deus sobre essas coisas.

6 *Conclua o seu momento de oração.* Em sua conclusão, São Francisco recomenda agradecer a Deus por esse momento de oração, fazer pedidos para si e para os outros e desenvolver medidas práticas. Absorva as ideias que você leu e aplique-as em sua vida de forma concreta. Por exemplo, você precisa ser mais fiel à oração? Precisa perdoar alguém?

Como São Francisco de Sales e muitos outros escritores espirituais deixam claro, não existe um método ou processo perfeito para a oração, que é, em última análise, uma obra do Espírito Santo. As reflexões que forneci, seguindo as palavras do papa, apenas servem como estímulos para a oração; use-as quando considerá-las úteis, mas não tenha medo de deixar o Espírito levá-lo aonde ele desejar.

Que as palavras do Papa Francisco levem todos nós a uma relação profunda com Deus e a uma maior compreensão de como viver a sua missão em nossas vidas.

Com esperança na Vontade Divina,

KEVIN COTTER

1º de outubro de 2013

Festa de Santa Teresa do Menino Jesus

Janeiro

Fevereiro

Março

Abril

Maio

Junho

Julho

Agosto

Setembro

Outubro

Novembro

Dezembro

1
JAN

O olhar do Senhor

Eu lhe pergunto: como você permanece na presença do Senhor? Quando visita o Senhor, quando olha para o sacrário, o que você faz? Sem falar [...] "Mas eu falo, eu digo, eu penso, eu medito, eu escuto [...]". Muito bom! Mas você se deixa ser observado pelo Senhor? Deixemo-nos contemplar pelo Senhor. Ele olha para nós e isso é em si uma maneira de rezar. Você se [permite] contemplar pelo Senhor? Mas como você faz isso? Você olha para o sacrário e se deixa ser observado [...] é simples! "É um pouco chato, eu caio no sono." Adormeça então, durma! Ele ainda estará olhando para você. Tenho certeza de que ele está olhando para você!

— Discurso, 27 de setembro de 2013

Reflexão

Passe algum tempo sob o olhar do Senhor.
Como Ele o vê? O que Ele pensa sobre a sua vida?

2
JAN

Abra-se para Ele

O amor de Cristo e sua amizade não são uma ilusão — Jesus na Cruz mostra quão reais eles são — nem privilégio de alguns.

Você vai descobrir essa amizade, e sentir sua inteira fecundidade e beleza, se procurar com sinceridade, abrir-se a Ele com confiança, cultivar sua vida espiritual com perseverança, receber os sacramentos, meditar sobre as Sagradas Escrituras, rezar assiduamente e viver com profundo envolvimento na comunidade Cristã.

— Mensagem, 21 de junho de 2013

Reflexão

Pense em uma atitude prática que você pode tomar para fortalecer seu relacionamento com Jesus esta semana. Use os exemplos do Papa Francisco como ponto de partida.

3
JAN

O poderoso nome de Jesus

FESTA DO SANTÍSSIMO NOME DE JESUS

Em uma homilia na Domus Sanctae Marthae, o Papa Francisco falou de um funcionário, pai de oito filhos, que havia trabalhado no escritório do bispo em Buenos Aires por trinta anos.

Antes de sair, antes de realizar qualquer uma das suas obrigações, ele sussurrava a si mesmo: "Jesus!" Uma vez eu lhe perguntei: "Por que você diz o nome de Jesus o tempo inteiro?" "Quando eu digo 'Jesus'", respondeu-me esse homem humilde, "me sinto forte, sinto-me capaz de trabalhar, porque sei que Ele está ao meu lado, que Ele me preserva." [Esse homem] não tinha estudado teologia. Ele só tinha a graça do Batismo e o poder do Espírito. Seu testemunho me fez muito bem. O nome de Jesus. Não há outro nome.

— HOMILIA, Domus Sanctae Marthae, 5 de abril de 2013

Reflexão

De acordo com a Carta aos Hebreus, Jesus sempre pode interceder por nós (7:25). Chame por Ele quando precisar de sua ajuda.

4
JAN

A oração do coração

Todos devem se perguntar [...], mas respondam no silêncio de seus corações, não em voz alta: eu rezo? Falo com Jesus, ou estou com medo do silêncio? Eu permito que o Espírito Santo fale em meu coração? Eu pergunto a Jesus: o que quer que eu faça, o que você quer da minha vida? Essa é a prática. Pergunte a Jesus, fale com Jesus, e se você cometer um engano em sua vida, se cair, se fizer algo errado, não tenha medo. Jesus, veja o que eu fiz, o que devo fazer agora? Fale continuamente com Jesus, nos momentos bons e maus, quando você agir certo e quando agir errado. Não tenha medo Dele! Essa é a oração.

— Discurso, Dia Mundial da Juventude, 27 de julho de 2013

Reflexão

O que o assusta em relação à oração? O silêncio? Seus pecados? Em seu coração, fale com Jesus como a um amigo sobre o que está acontecendo em sua vida.

5
JAN

A imagem de Deus

Que imagem temos de Deus? Talvez Ele nos surja como um juiz severo, como alguém que limita a nossa liberdade e a maneira como levamos nossas vidas. Mas as Escrituras, em toda parte, nos dizem que Deus é Aquele que vive, que dá a vida e aponta o caminho para a plenitude da vida.

— Homilia, 16 de junho de 2013

Reflexão

Que imagem você tem de Deus? Ele é um Deus que está vivo e se importa com você? Confie que Ele está levando-o para a plenitude da vida.

6
JAN

O medo da novidade de Deus

A novidade sempre nos traz um pouco de medo, porque nos sentimos mais seguros quando temos tudo sob controle, quando somos nós os que constroem, programam e planejam nossas vidas de acordo com nossas ideias, nosso próprio conforto, nossas preferências [...]. A novidade que Deus coloca em nossa vida é algo que realmente traz satisfação, que dá a verdadeira alegria, a verdadeira serenidade, porque Deus nos ama e deseja somente o nosso bem.

— Homilia, Missa com os Movimentos Eclesiásticos no Pentecostes, 19 de maio de 2013

Reflexão

Quem está no controle de sua vida — você ou Deus? Como você pode aceitar a novidade de Deus na sua vida agora?

7
JAN

O Pai misericordioso

Deus sempre pensa com misericórdia: não se esqueça disso. Deus sempre pensa misericordiosamente. Ele é o Pai misericordioso! Deus pensa como o pai que está esperando o filho e vai encontrá-lo. Ele o avista chegando quando ainda está longe [...]. O que isso significa? Que todos os dias Ele foi ver se seu filho estava voltando para casa: esse é o nosso Pai misericordioso. Isso indica que Ele estava esperando pelo filho com saudade no terraço de sua casa.

— Audiência Geral, 27 de março de 2013

Reflexão

Se Deus é como o pai misericordioso da parábola do filho pródigo (ver Lucas 15:11-32), o que Deus espera que você faça em sua vida agora?

8
JAN

Cristãos arrumadinhos

Uma das características desses Cristãos vaidosos, rígidos e arrumadinhos — esses hipócritas, esses sepulcros caiados — é que estão sempre criticando os outros, sempre falando mal dos outros, sejam membros da família, vizinhos ou colegas de trabalho. Por trás de suas mentes, eles estão simplesmente repetindo o que o fariseu disse em frente ao altar: "Dou graças a Deus porque eu não sou assim ou assado". Estão repetindo as palavras de um tango famoso que diz: "Que vergonha, vizinho, usar branco depois de ter pecado". No entanto, eles mesmos estão criticando.

Essa é a primeira característica de um Cristão vaidoso, rígido e arrumadinho, de um hipócrita, de um fariseu: ele sempre sente a necessidade de criticar os outros.

— *Só o amor nos salvará*, Homilia, 24 de setembro de 2011

Reflexão

O que o leva a criticar os outros?
Como você pode dar essa luta para Jesus?

9
JAN

Cristãos de meio-expediente

Nós não somos Cristãos de "meio-expediente", apenas em certos momentos, em algumas circunstâncias, em certas decisões; ninguém pode ser Cristão dessa forma — somos Cristãos o tempo todo! Totalmente!

— Audiência Geral, 15 de maio de 2013

Reflexão

Quando você acha difícil ser Cristão?
O que Deus lhe pede para fazer nessas situações?

10 JAN

Uma cultura do encontro

Quando líderes de várias áreas vêm me pedir conselhos, a minha resposta é sempre a mesma: diálogo, diálogo, diálogo. A única forma de crescimento para indivíduos, famílias e sociedades, o único caminho para o progresso da vida dos povos, é por meio da cultura do encontro, uma cultura em que todos têm algo de bom a oferecer e todos podem receber algo bom em troca.

Os outros sempre têm algo a oferecer, se soubermos como abordá-los em um espírito de abertura e sem preconceitos [...]. Hoje, ou corremos o risco de diálogo, o risco da cultura do encontro, ou todos nós falhamos; esse é o caminho que dará frutos.

— Discurso, 27 de julho de 2013

Reflexão

O que você pode fazer para incentivar uma cultura do encontro e do diálogo com as pessoas com quem interage todos os dias? Que conversas você precisa ter?

11
JAN

Maior do que a Copa do Mundo!

Jesus nos oferece algo maior do que a Copa do Mundo! Jesus nos oferece a possibilidade de uma vida frutífera, uma vida de felicidade; Ele também nos oferece um futuro com Ele, um futuro sem fim, na vida eterna. Isso é o que Jesus nos oferece. Mas Ele nos pede para pagar o ingresso, cujo custo é que treinemos "para entrar em forma", de modo que possamos enfrentar qualquer situação na vida destemidamente, dando testemunho de nossa fé.

— Discurso, Dia Mundial da Juventude, 27 de julho de 2013

Reflexão

Qual é a sua "Copa do Mundo"? O que compete com Jesus em sua vida? Em que área você precisa "entrar em forma"?

12
JAN

O pai do Papa Francisco

O meu pai foi para a Argentina jovem e cheio de ilusões "de fazer a América". E ele sofreu com a recessão terrível de 1930. Eles perderam tudo! Não havia trabalho! E, na minha infância, eu ouvia falar desse período em casa [...]. Nunca vivi uma recessão, eu ainda não tinha nascido, mas ouvi sobre esse sofrimento em casa, ouvi falar disso. Sei bem! No entanto, devo dizer-lhes: "Coragem!" Mesmo assim, eu também estou ciente de que, de minha parte, tenho de fazer de tudo para garantir que esse termo, "coragem", não seja só uma bela palavra falada casualmente! Que não seja apenas o sorriso de um empregado cortês, um funcionário da Igreja que vem e diz: "Seja corajoso". Não! Eu não quero isso!

Quero que a coragem venha de dentro de mim e me impulsione a fazer tudo como um pastor, como um homem. Todos nós devemos enfrentar esse desafio com solidariedade, entre vocês — e também entre nós — todos nós deveremos enfrentar com solidariedade e inteligência essa luta histórica.

— Discurso, Reunião com Trabalhadores, 22 de setembro de 2013

Reflexão

O que lhe dá coragem? Como você a encontra quando está com medo ou preocupado? Somente no Senhor podemos encontrar a verdadeira coragem. Peça a Ele essa coragem e ajude os outros a encontrá-la.

13
JAN

Aproxime-se de Deus

Eu também gostaria de dizer a quem se sente longe de Deus e da Igreja, a quem é tímido ou indiferente, àqueles que pensam que já não podem mudar: o Senhor chama você, também, para se tornar parte de seu povo, e faz isso com grande respeito e amor! Ele nos convida a fazer parte desse povo, o Povo de Deus!

— Audiência Geral, 12 de junho de 2013

Reflexão

Na Carta de Tiago, lemos: "Chegai-vos a Deus, e Ele se chegará a vós" (4:8). Peça a Deus sabedoria para caminhar em direção a Ele.

14

JAN

Um dom de Deus

No Evangelho, Jesus diz a Nicodemos que ele precisa nascer das alturas, da água e do Espírito a fim de entrar no Reino de Deus (João 3:3-5). É pelo Batismo que somos introduzidos a esse povo, por meio da fé em Cristo, um dom de Deus que deve ser nutrido e cultivado em toda a nossa vida.

— Audiência Geral, 12 de junho de 2013

Reflexão

No Batismo, e em todos os sacramentos da Igreja, o Senhor nos dá uma abundante graça, mas devemos receber e utilizá-la. Como você pode cultivar o dom de Deus em você? Você pode reservar algum tempo para rezar depois da missa? Você pode convidar alguém à missa?

15
JAN

Roubar dos pobres

Lembremo-nos bem, no entanto, que sempre que o alimento é jogado fora é como se fosse roubado da mesa do pobre, do faminto! Peço a todos que reflitam sobre a perda e o desperdício de alimentos para identificar formas e abordagens que, lidando seriamente com esse problema, transmitam solidariedade e partilhem com os desfavorecidos.

— Audiência Geral, 5 de junho de 2013

Reflexão

Como você pode usar os alimentos de forma a respeitar esse presente de Deus e também a liberar alguns de seus recursos para ajudar a alimentar os pobres?

16
JAN

O que significa ser um ser espiritual?

Quando dizemos que um Cristão é um ser espiritual, queremos dizer apenas isto: o Cristão é uma pessoa que pensa e age de acordo com Deus, de acordo com o Espírito Santo. Mas eu me pergunto: nós realmente pensamos de acordo com Deus? Agimos de acordo com Deus? Ou nos deixamos guiar pelas muitas outras coisas que certamente não vêm Dele?

Cada um de nós precisa responder a isso no fundo de seu coração.

— Audiência Geral, 8 de maio de 2013

Reflexão

Em que áreas de sua vida você pensa com a mente do mundo e não de acordo com Deus?

17
JAN

Os pecados dos fiéis

Ainda hoje alguns dizem: "Cristo sim, Igreja não". Assim como aqueles que dizem "Eu acredito em Deus, mas não em padres" [...]. Naqueles que formam a Igreja, pastores e fiéis, há lacunas, imperfeições e pecados. O Papa também os tem — e muitos; mas o que é bonito é que, quando nos damos conta de que somos pecadores, encontramos a misericórdia de Deus, que sempre perdoa.

Nunca esqueça: Deus sempre perdoa e nos recebe em seu amor de absolvição e misericórdia.

— Audiência Geral, 29 de maio de 2013

Reflexão

A quem Deus está pedindo que você perdoe? Alguém da Igreja? Sua família? Você mesmo?

18
JAN

Manifestada no amor

O amor partilha tudo o que possui e revela-se na comunicação. Não há fé verdadeira que não se manifeste no amor. E o amor não é o amor Cristão se não for generoso e concreto. Um amor indiscutivelmente generoso é um sinal de fé e um convite à fé.

— *Só o amor nos salvará*, Carta da Quaresma,
22 de fevereiro de 2012

Reflexão

Escolha um modo concreto e generoso para amar alguém hoje.

19
JAN

Eu sou um pecador

Jesus não quer que trilhemos um caminho de autossuficiência. A fim de ser bons Cristãos, precisamos nos reconhecer como pecadores. Se não reconhecemos que somos pecadores, não somos bons Cristãos. Essa é a primeira condição. Mas temos de ser mais específicos: "Eu sou um pecador por causa disso, por causa daquilo [...]". Essa é a primeira condição para seguir a Jesus.

— *Só o amor nos salvará*, Homilia, 24 de setembro de 2011

Reflexão

Reflita sobre os seus pensamentos, suas palavras e suas ações nesta última semana. Quando você pecou?

20
JAN

Com verdade e sinceridade

Deixar que Cristo nos tome para si próprio significa sempre avançar para o que está à frente, para o objetivo de Cristo (Filipenses 3:14) e também significa perguntar-se com verdade e sinceridade: o que eu fiz por Cristo? O que estou fazendo por Cristo? O que devo fazer por Cristo?

— Homilia, 31 de julho de 2013

Reflexão

No silêncio do seu coração, pense sobre as questões que o Papa Francisco propôs.

21
JAN

O martírio diário

FESTA DE SANTA INÊS

Mas o que significa "perder a vida por causa de Jesus"? Isso pode acontecer de duas maneiras: explícita, confessando a fé; ou implicitamente, defendendo a verdade. Os mártires são o maior exemplo de perda da vida por Cristo [...]. No entanto, há também o martírio diário, que pode não implicar a morte, mas é ainda uma "perda da vida" por Cristo, executando o dever com amor, de acordo com a lógica de Jesus, a lógica do dom, do sacrifício.

— DISCURSO ANGELUS, 23 de junho de 2013

Reflexão

Como a lógica de Jesus muda a forma de você ver sua vida? Que martírio diário Deus está lhe pedindo para oferecer a Ele?

22 JAN

Ore pelos não nascidos

Em um ser humano frágil, cada um de nós é convidado a reconhecer o rosto do Senhor, que em sua carne humana experimentou a indiferença e a solidão a que tantas vezes condenamos os mais pobres, seja em países em desenvolvimento, seja em sociedades ricas. Cada criança que, em vez de nascer, é condenada injustamente a ser abortada, tem o rosto de Jesus Cristo, o rosto do Senhor, que mesmo antes de nascer e logo após o nascimento experimentou a rejeição do mundo.

— Discurso, 20 de setembro de 2013

Reflexão

Este dia marca o aniversário do caso *Roe* × *Wade*, que legalizou o aborto nos Estados Unidos. Ore pelo fim do aborto no mundo.

23
JAN

Buscar a nós

Deus nos criou para que possamos viver em uma profunda amizade com Ele; e mesmo quando o pecado interrompeu esse relacionamento com Ele, com os outros e com a criação, Deus não nos abandonou. Toda a história da salvação é a história de Deus, que procura os seres humanos, oferece-lhes seu amor e os acolhe.

— Audiência Geral, 29 de maio de 2013

Reflexão

Jesus quer um relacionamento profundo com você.
Você já iniciou um relacionamento com Jesus?
Assuma ou reassuma o compromisso de sua vida com Ele.

24
JAN

Como Maria

FESTA DE NOSSA SENHORA DA PAZ

Maria é a mulher que acolhe e acompanha a vida até o fim, em meio a todas as dificuldades e todas as alegrias da vida. Maria é a mulher que, em um dia como hoje, acolhe a vida e a acompanha até sua plenitude. Mas seu trabalho ainda não acabou, pois ela continua a nos acompanhar na vida da Igreja, levando-a adiante. Ela é uma mulher de silêncio, de paciência, que carrega a dor, enfrenta dificuldades e, ainda assim, sabe como se regozijar na alegria de seu Filho.

— *Só o amor nos salvará*, Homilia, Festa da Anunciação,
25 de março de 2011

Reflexão

Como Maria, de que maneira você pode enfrentar as dificuldades deste mundo e ainda assim ter alegria? Qual o grau de dificuldade enfrentado por você agora?

25
JAN

Uma arma

Festa da Conversão de São Paulo

São Paulo tem apenas uma arma: a mensagem de Cristo e o dom de toda a sua vida por Cristo e pelos outros. É justamente essa prontidão pessoal para mostrar-se aberto, para ser consumido pelo amor Cristão, para fazer de tudo pelas pessoas, generosamente, que lhe dá credibilidade e edifica a Igreja.

— Homilia, 29 de junho de 2013

Reflexão

Será que as pessoas sabem que você é um Cristão por seu exemplo diário? Em que área você pode crescer para que sua vida diária testemunhe a sua fé?

26 JAN

Pobre e para os pobres

Francisco de Assis. Para mim, ele é o homem da pobreza, o homem da paz, o homem que ama e protege a criação; nos dias de hoje não temos um relacionamento muito bom com a criação, não é mesmo? Ele é o homem que nos dá esse espírito de paz, o homem pobre [...]. Como eu gostaria de ter uma Igreja que é pobre e para os pobres!

— Discurso, 16 de março de 2013

Reflexão

São Francisco de Assis tornou-se um santo em etapas, e não de uma só vez. Peça-lhe que ore por você para que você cresça no amor para com os pobres e pela Igreja, como a Igreja dos pobres.

27
JAN

Nossa consciência

É por isso que temos de aprender a ouvir mais a nossa consciência. Mas tenha cuidado! Isso não significa seguir meu próprio ego, fazendo o que me interessa, o que me convém, o que eu gosto [...]. Não é isso!

A consciência é o lugar interior para ouvir a verdade, a bondade, para ouvir a Deus; é o lugar interior da minha relação com Ele, Aquele que fala ao meu coração e me ajuda a discernir, entender o caminho que devo adotar e, uma vez tomada a decisão, seguir adiante, sendo fiel.

— Discurso Angelus, 30 de junho de 2013

Reflexão

Quando tem perguntas que se baseiam em questões de consciência, você encontra os livros e mentores que podem ajudá-lo a pensar de acordo com a mentalidade da Igreja? Peça a Deus a graça para fazer isso, independentemente das consequências.

28
JAN

Ele está com você

Algumas pessoas podem pensar: "Eu não tenho nenhuma preparação especial, como posso sair proclamando o Evangelho?" Meu caro amigo, o seu medo não é muito diferente do de Jeremias, como acabamos de ouvir na leitura, quando ele foi chamado por Deus para ser um profeta. "Ah, Senhor Deus! Eis que não sei falar, pois sou apenas um jovem."

Deus diz a mesma coisa a você, como disse a Jeremias: "Não tenha medo [...] porque eu estou contigo para que te entregues" (Jeremias 1:6, 8). Ele está conosco!

— HOMILIA, Dia Mundial da Juventude, Missa de encerramento, 28 de julho de 2013

Reflexão

O que você teme quando pensa em proclamar o Evangelho? Peça a Deus para estar com você e encontre alguém que o ajude a se preparar para essa tarefa.

29
JAN

Tenha grandes sonhos!

Você já pensou sobre os talentos que Deus lhe deu? Você já pensou em como pode colocá-los a serviço dos outros? Não enterre seus talentos! Defina suas participações em grandes ideais, ideais que ampliem o coração, ideais que façam frutificar os seus talentos.

A vida não nos é dada para ser zelosamente guardada para nós mesmos, mas para que possamos oferecê-la. Queridos jovens, tenham um espírito profundo! Não tenham medo de ter grandes sonhos!

— Audiência Geral, 24 de abril de 2013

Reflexão

Que talentos Deus lhe deu? Conte a Deus sobre seus sonhos de usá-los para Ele e para os outros.

30
JAN

Um grande "Sim!"

Os mandamentos não são um rosário de proibições — você não deve fazer isso, você não deve fazer aquilo, você não deve fazer aquilo outro; pelo contrário, eles são um grande "Sim!": um sim a Deus, ao Amor, à vida.

— Homilia, 16 de junho de 2013

Reflexão

É fácil enxergar Deus como um ditador de regras e temer suas punições. Mas, quando o vemos como um pai amoroso, mudamos completamente a nossa perspectiva. Em que aspecto Deus está lhe pedindo para segui-lo por amor, e não por medo?

31
JAN

Cruzar os desertos da vida

Os homens de todos os tempos e lugares desejam uma vida plena e bela, justa e boa, uma vida que não é ameaçada pela morte, mas que ainda pode amadurecer e crescer em plenitude. O homem é como um viajante que, cruzando os desertos da vida, tem sede de água viva: jorrando, fresca, capaz de saciar o seu profundo desejo de luz, amor, beleza e paz.

Todos nós sentimos esse desejo! E Jesus nos dá essa água viva: é o Espírito Santo, que vem do Pai e que Jesus derrama nos nossos corações. "Eu vim para que todos tenham vida, e que todos tenham vida plenamente", nos diz Jesus (João 10:10).

— Audiência Geral, 8 de maio de 2013

Reflexão

Quais são os desejos do seu coração hoje?
Peça a Deus para cumpri-los em seu caminho.

Janeiro

Fevereiro

Março

Abril

Maio

Junho

Julho

Agosto

Setembro

Outubro

Novembro

Dezembro

1
FEV

Um lugar de misericórdia

Que a Igreja seja um lugar de misericórdia e de esperança de Deus, onde todos se sintam acolhidos, amados, perdoados e encorajados a viver de acordo com a boa vida do Evangelho. E, para fazer com que outros se sintam acolhidos, amados, perdoados e encorajados, a Igreja deve ter suas portas abertas para que todos possam entrar. E nós temos de sair por essas portas e anunciar o Evangelho.

— Audiência Geral, 12 de junho de 2013

Reflexão

Como você pode fazer da Igreja um lugar mais acolhedor e misericordioso? Quem Jesus está querendo que você alcance? Esta semana, encontre alguém para encorajar.

2
FEV

Obedecer

FESTA DA APRESENTAÇÃO DO SENHOR

O que significa obedecer a Deus? Será que significa que devemos nos comportar feito escravos? Não, quem obedece a Deus é livre; não é um escravo! E como pode ser assim? Parece uma contradição [...]. A palavra "obedecer" vem do latim e significa escutar, ouvir os outros. Obedecer a Deus é ouvir a Deus, ter o coração aberto para seguir o caminho que Ele nos aponta.

A obediência a Deus é ouvir a Deus, e ela nos liberta.

— HOMILIA, Domus Sanctae Marthae, 11 de abril de 2013

Reflexão

Dedique algum tempo para ouvir a Deus.
Que caminho Ele está pedindo que você siga?

3
FEV

Simples, mas importantes

É urgente a necessidade de encontrar novas formas e novos meios de garantir que a graça de Deus toque o coração de cada homem e de cada mulher, levando-os a Ele. Somos todos seus instrumentos simples, mas importantes; não recebemos o dom da fé para mantê-lo escondido, mas para espalhá-lo, para que possa iluminar um grande número de irmãos nossos em sua jornada.

— Discurso, 17 de maio de 2013

Reflexão

Peça a Deus para ajudá-lo a perceber sua capacidade de ser Seu instrumento importante. Você tem dons e talentos que ninguém mais possui. Você tem relacionamentos e conexões únicos. Ore pelas oportunidades e pela coragem de compartilhar sua fé.

4
FEV

Não pode ser assim!

Apesar de tudo, homens e mulheres são sacrificados aos ídolos do lucro e do consumo: é a "cultura do desperdício" [...]. Se há crianças em tantas partes do mundo que não têm nada para comer, isso não é novidade; parece normal. Não pode ser assim!

E essas coisas acabam tornando-se normais: que alguns sem-teto congelem até a morte na rua — isso não vira notícia. Já quando o mercado de ações cai dez pontos em algumas cidades, institui-se uma tragédia [...]. Dessa forma, as pessoas são postas de lado como se fossem lixo.

— Audiência Geral, 5 de junho de 2013

Reflexão

Jesus nos conclama a pensar de forma diferente sobre os pobres (ver Mateus 25:31-46). Você tem realizado alguma das obras de misericórdia que Ele pede de nós? Se não, por que não?

5
FEV

O que quer Jesus

Jesus quer ser seu amigo, seu irmão, um professor da verdade e da vida que revela a você a rota a seguir, a fim de alcançar a felicidade, a realização de si mesmo de acordo com o plano de Deus para cada um de vocês. E a amizade de Jesus, que nos traz a misericórdia e o amor de Deus, é "livre", um presente puro. Ele não lhe pede nada em troca; apenas que você o receba.

Jesus quer amá-lo pelo que você é, mesmo na sua fragilidade e fraqueza, a fim de que, movido por seu amor, você possa ser renovado.

— Mensagem, 21 de junho de 2013

Reflexão

Pense em uma área de fraqueza em sua vida.
Como você pode permitir que o Senhor o renove nessa área?

6
FEV

Perto de cada um de nós

Queridos amigos, a experiência da Jornada Mundial da Juventude [JMJ] nos lembra da verdadeira grande notícia da história: a Boa-Nova. Embora isto não esteja estampado em jornais ou mostrado na televisão, nós somos amados por Deus, que é nosso Pai e enviou seu Filho, Jesus, para fazer-se próximo de cada um de nós e para nos salvar.

Ele enviou Jesus para nos salvar, para perdoar a todos nós, pois Ele sempre perdoa: Ele sempre perdoa porque é bom e misericordioso.

— Audiência Geral, 4 de setembro de 2013

Reflexão

Medite sobre o amor de Deus por você. Ele quer estar perto de você. Como você pode se aproximar Dele?

7
FEV

Não como uma fada e sua varinha mágica

O tempo é o mensageiro de Deus: Deus nos salva ao longo do tempo, não em um momento. Às vezes, ele faz milagres, mas no dia a dia ele nos salva ao longo do tempo.

Às vezes pensamos que, se o Senhor entra em nossa vida, Ele irá nos mudar. Sim, nós mudamos: é a chamada conversão. Mas Ele não age como "uma fada e sua varinha mágica". Não. Ele dá a você a graça e diz, como disse a todos que curou: "Vai, anda".

— Homilia, Domus Sanctae Marthae, 12 de abril de 2013

Reflexão

Em que a sua vida ainda precisa mudar?
Quais passos para a conversão você pode dar esta semana?

8
FEV

Dê um passo à frente

Se até agora você o tem mantido a distância, dê um passo à frente. Ele vai receber você de braços abertos. Se você tem sido indiferente, assuma o risco: você não vai se decepcionar.

Se segui-lo parece difícil, não tenha medo, creia Nele, confie que Ele está perto de você, está ao seu lado e vai lhe dar a paz que você está procurando e a força para viver segundo os desígnios de Jesus.

— Homilia, Vigília Pascal, 30 de março de 2013

Reflexão

O que o faz ter medo de seguir Jesus? Peça-lhe para ajudá-lo a chegar à raiz do seu medo e entregue-o a Ele.

9
FEV

A graça de que precisamos

Em nossa vida pessoal, em nossas vidas privadas [...], o Espírito nos impulsiona a tomar o caminho do Evangelho, e nós [dizemos]: "Mas não funciona assim, Senhor" [...]. Não imponha resistência ao Espírito Santo: essa é a graça que eu desejo que todos nós peçamos ao Senhor; docilidade ao Espírito Santo, para que o Espírito venha a nós e nos faça seguir em frente no caminho da santidade.

— Homilia, Domus Sanctae Marthae, 16 de abril de 2013

Reflexão

Hoje, tente convidar o Espírito Santo para entrar em sua vida ao longo do dia. Peça a Deus a capacidade de ser dócil.

10
FEV

Tenha coragem

Que [o Espírito Santo] dê a todos nós o fervor apostólico; que ele nos conceda também a graça de nos sentirmos incomodados em relação a certos aspectos de Igrejas que sejam relapsas; a graça de seguir em frente rumo ao além existencial. A Igreja tem grande necessidade disso! Não só em terras distantes, nas jovens Igrejas, entre povos que ainda não conhecem Jesus Cristo. Mas aqui na cidade, aqui mesmo, precisamos da mensagem de Jesus Cristo.

Nós, portanto, rogamos ao Espírito Santo por esta graça: sermos Cristãos com zelo apostólico. E, se deixarmos os outros incomodados, bendito seja o Senhor. Vamos lá, e como o Senhor diz a Paulo, "Tenha coragem!".

— Homilia, Domus Sanctae Marthae, 16 de maio de 2013

Reflexão

O que o incomoda, atualmente, em relação à Igreja? Peça ao Espírito Santo sabedoria para compreender o ensinamento e a missão da Igreja e zelo para trazer outros para o Corpo de Cristo.

11
FEV

Maria, nossa mãe

FESTA DE NOSSA SENHORA DE LOURDES

Maria passou por muitos momentos difíceis em sua vida, desde o nascimento de Jesus, quando "não havia lugar para eles na hospedaria" (Lucas 2:7), até o Calvário (João 19:25). E, como uma boa mãe, ela está perto de nós para que nunca percamos a coragem diante das adversidades da vida, diante de nossa fraqueza, diante de nossos pecados: ela nos dá força, ela nos mostra o caminho de seu Filho.

— DISCURSO, 4 de maio de 2013

Reflexão

Você já experimentou a capacidade de Maria de aproximá-lo de Jesus? Pense sobre sua vida e os desafios que ela sofreu. Olhe para ela para que lhe dê força para enfrentar seus desafios nesta semana.

12
FEV

Servidão, humildade e amor

Bento XVI, com grande sabedoria, muitas vezes lembrou a Igreja de que, embora o homem frequentemente iguale autoridade com controle, domínio e sucesso, para Deus a autoridade é sempre sinônimo de servidão, humildade e amor; significa entrar na lógica de Jesus, que se ajoelha para lavar os pés dos apóstolos.

— Discurso, 8 de maio de 2013

Reflexão

Onde você busca controle?
Como você pode substituir esses desejos pela servidão?

13
FEV

Ao ataque!

Sejam membros ativos! Vão para o ataque! Joguem no campo, construam um mundo melhor, um mundo de irmãos e irmãs, um mundo de justiça, de amor, de paz, de fraternidade, de solidariedade. Sigam sempre para o ataque!

— Discurso, Dia Mundial da Juventude, Vigília de Oração, 27 de julho de 2013

Reflexão

O que você pode fazer esta semana para "ir ao ataque" a fim de tornar o nosso mundo um lugar melhor?

14
FEV

A difícil ciência

O Senhor nos ama com ternura. O Senhor conhece a bela ciência do carinho — a ternura de Deus. Ele não nos ama com palavras. Ele se aproxima de nós e, estando perto de nós, Ele nos dá o seu amor com a mais profunda ternura possível.

Mais difícil do que amar a Deus é deixar-se amar por Ele. "Senhor, eu quero amá-lo, mas ensine-me a difícil ciência, o difícil hábito de me deixar ser amado por você."

— Homilia, Domus Sanctae Marthae, 7 de junho de 2013

Reflexão

Por que é tão difícil deixar-se amar por Deus?
Como podemos melhorar nessa difícil ciência?

15
FEV

Deus nos acompanha

Perguntem a si mesmos: “Quanto espaço dedico ao Senhor? Eu paro para falar com Ele?” Desde que éramos crianças, nossos pais nos orientaram a começar e terminar o dia com uma oração, ensinando-nos a sentir que a amizade e o amor de Deus nos acompanham. Lembremo-nos mais do Senhor em nossa vida diária!

— Audiência Geral, 1º de maio de 2013

Reflexão

Tente lembrar da presença de Deus em sua vida ao longo do dia e faça uma breve oração. Veja se você é capaz de fazer isso pelo menos três vezes no mesmo dia.

16
FEV

Igreja sem vida

Quando a Igreja perde [...] coragem apostólica, ela se torna uma Igreja sem vida. Ordenada, talvez — o que é bom, muito bom —, mas estéril, porque perdeu a coragem de ir para a periferia, onde há tantas pessoas que são vítimas de idolatria, mundanismo e pensamentos fracos [...].

Aqueles que não caminham por medo de cometer um erro cometem o mais grave deles.

— Homilia, Domus Sanctae Marthae, 8 de maio de 2013

Reflexão

Como Deus está chamando você para ser corajoso em sua vida cotidiana? Quem Ele quer que você alcance?

17
FEV

Os legalistas

Jesus [diz]: "Em verdade eu vos digo, os coletores de impostos e as meretrizes entrarão no Reino de Deus antes de vós" (Mateus 21:31). Jesus coloca as coisas em seu devido lugar. Ele nos diz que nosso Pai no céu não é um pai que faz um pacto com os legalistas. Ele é um Pai de misericórdia.

— *Só o amor nos salvará*, Homilia, 24 de setembro de 2011

Reflexão

Os legalistas obedecem às regras pelas próprias regras. Filhos de Deus seguem as regras por sua relação com o Pai misericordioso. Como você pode confiar mais profundamente na misericórdia de Deus?

18
FEV

O espírito da unidade

O Espírito Santo poderia ter aparecido para criar desordem na Igreja, uma vez que ele traz a diversidade de dons e carismas. Ainda assim, por sua obra, isso é uma grande fonte de riqueza, pois o Espírito Santo é o Espírito da unidade, o que não significa uniformidade, mas o que leva tudo de volta à harmonia.

— Homilia, Missa com os Movimentos Eclesiásticos em Pentecostes, 19 de maio, 2013

Reflexão

De que modo o Espírito Santo desenvolve harmonia em sua paróquia? Como você pode apoiar o seu movimento? Onde ele está chamando você para usar seus carismas e dons?

19
FEV

Milagres acontecem

Milagres acontecem. Mas é necessário orar! A oração que é corajosa, lutadora, perseverante — não a feita por mera formalidade.

— Twitter, 24 de maio de 2013

Reflexão

Qual intenção você tem em seu coração?
Ore por ela todos os dias e ao longo do dia.

20
FEV

O poder verdadeiro é o amor

Perseguir e acumular poder como uma forma de estímulo [...] leva à autodestruição [...]. O poder verdadeiro é o amor; o amor que eleva os outros, o amor que suscita iniciativas, o amor que nenhuma corrente pode prender, porque o amor é capaz de se fazer presente mesmo na cruz ou em um leito de morte. Ele não pede beleza juvenil, reconhecimento ou aprovação, dinheiro ou prestígio. Ele simplesmente flui e é irrefreável. Quando caluniado ou derrotado, sem dúvida, ele adquire maior reconhecimento.

Aquele Jesus que era fraco e insignificante aos olhos dos políticos e dos poderosos da Terra revolucionou o mundo.

— *Só o amor nos salvará*, Homilia, 25 de maio de 2012

Reflexão

Seja revolucionário: faça um ato sincero de amor ainda hoje.

21
FEV

A evangelização é feita de joelhos

Ouçam bem: "A evangelização é feita de joelhos". Sem um relacionamento constante com Deus, a missão torna-se um trabalho [...]. Não, não é um trabalho, mas algo mais. O risco do ativismo, de confiar demais em estruturas, é um perigo sempre presente. Se olharmos para Jesus, veremos que, antes de qualquer decisão importante ou evento, Ele recolhia-se em oração intensa e prolongada.

Vamos cultivar a dimensão contemplativa, mesmo em meio ao turbilhão de tarefas mais urgentes e pesadas. E, quanto mais a missão o chamar para sair às margens da existência, deixe seu coração unir-se ainda mais estreitamente ao Coração de Cristo, repleto de misericórdia e amor. Aqui reside o segredo da fecundidade pastoral, da fecundidade de um discípulo do Senhor!

— Homilia, Missa com Seminaristas e Noviços, 7 de julho de 2013

Reflexão

Considere um passo que você pode dar para aprofundar a sua fidelidade à oração, apesar de sua rotina pesada. Você pode torná-lo uma prioridade, até que se torne um hábito?

Não tema a sua fraqueza

FESTA DA CÁTEDRA DE SÃO PEDRO

Vamos relembrar a história de Pedro: por três vezes ele negou Jesus, logo quando deveria ter se aproximado Dele; e quando ele chegou ao fundo do poço, encontrou o olhar de Jesus, que, pacientemente, disse-lhe: "Pedro, não tema a sua fraqueza; confie em mim". Pedro entendeu, sentiu o olhar amoroso de Jesus e chorou.

Como é belo esse olhar de Jesus — quanta ternura existe ali! Irmãos e irmãs, nunca percamos a confiança na paciência e na misericórdia de Deus!

— HOMILIA, Divina Misericórdia, domingo, 7 de abril de 2013

Reflexão

Hoje, quando você pecar, volte-se rapidamente ao olhar amoroso de Jesus.

23
FEV

O poder de renovar

Jesus não o força a ser Cristão. Mas, se você diz que é Cristão, deve acreditar que Jesus tem todo o poder — e é o único que tem esse poder — para renovar o mundo, renovar a sua vida, renovar a sua família, renovar a comunidade, renovar todas as coisas.

— *Só o amor nos salvará*, Homilia, 18 de fevereiro de 2012

Reflexão

Qual área da sua vida precisa ser renovada? Como você pode confiar no poder de Jesus para essa renovação?

24
FEV

A dinâmica da esperança

Qualquer pessoa que exerce um papel de liderança — permitam-me dizer, qualquer pessoa a quem a vida tenha ungido como líder — precisa ter objetivos práticos e buscar meios específicos para atingi-los. Ao mesmo tempo, há sempre o risco de decepção, ressentimento e indiferença se nossos planos e metas não se concretizam.

Aqui eu apelaria para a dinâmica de esperança, que nos inspira a continuar lutando, a empregar todas as nossas energias e habilidades em favor daqueles para quem trabalhamos, aceitando os resultados, tornando possível avançar por novos caminhos, sendo generosos mesmo sem resultados aparentes, mas mantendo viva a esperança, com a constância e a coragem que vêm da aceitação da vocação de líder e guia.

— Discurso, 27 de julho de 2013

Reflexão

Que papel a esperança desempenha em sua vida? Você se permite ter esperança? Peça ao Senhor para ajudá-lo a cultivar essa virtude fundamental.

25
FEV

Humanismo econômico

Em muitos lugares, geralmente devido ao humanismo econômico que foi imposto ao mundo, a cultura de exclusão e de rejeição está se espalhando. Não há lugar para os idosos ou para as crianças não desejadas; não há tempo para o pobre nas ruas. Às vezes parece que, para algumas pessoas, as relações humanas são reguladas por dois "dogmas" modernos: a eficiência e o pragmatismo [...]. Tenha a coragem de nadar contra a maré dessa cultura. Seja corajoso!

— Homilia, Dia Mundial da Juventude, 27 de julho de 2013

Reflexão

Na sua vida, onde você vê a cultura da eficiência e do pragmatismo acontecendo? Como você pode rejeitar essa cultura?

26
FEV

Você é corajoso o bastante?

Você é corajoso o bastante para isto, você tem a coragem de ouvir a voz de Jesus? É bonito ser missionário! [...] Todos nós devemos ser missionários, todos podem ouvir esse apelo de Jesus e seguir adiante proclamando o Reino!

— Discurso Angelus, 7 de julho de 2013

Reflexão

O que o impede de ouvir o chamado de Jesus?
Pergunte-lhe como Ele quer que você proclame seu Reino.

27
FEV

As pessoas esperam pelo Evangelho

Nós não podemos nos manter calados nas paróquias, nas nossas comunidades, em nossas instituições paroquiais ou diocesanas, quando tantas pessoas estão à espera do Evangelho! É preciso sair, como enviados. Não basta simplesmente abrir a porta dando boas-vindas quando eles chegam; temos de sair por aquela porta para buscar e conhecer as pessoas.

— Homilia, Dia Mundial da Juventude, 27 de julho de 2013

Reflexão

Ore para que o Senhor tire-o de sua zona de conforto esta semana para levar o seu amor a quem você encontrar. Esteja pronto para compartilhar um sorriso, uma palavra de encorajamento, ajuda prática, ou o que a situação exigir.

28
FEV

Um Cristão nunca deve estar triste!

Um Cristão nunca deve estar triste! Nunca ceda ao desânimo! Nossa alegria não nasce de muitas posses, mas do encontro com uma pessoa: Jesus, no meio de nós. Ela nasce da consciência de que com Ele nunca estamos sozinhos, mesmo nos momentos difíceis, mesmo quando a jornada da nossa vida enfrenta problemas e obstáculos que parecem intransponíveis, e há muitos deles! Neste momento, o inimigo, o diabo, vem muitas vezes disfarçado de anjo e maliciosamente nos dirige a sua palavra. Não dê ouvidos a ele! Vamos seguir Jesus!

— Homilia, 23 de março de 2013

Reflexão

Quais obstáculos você está enfrentando agora?
Procure a presença de Jesus e ouça a sua voz nessas situações.
Peça-lhe para levá-lo com Ele.

Janeiro

Fevereiro

Março

Abril

Maio

Junho

Julho

Agosto

Setembro

Outubro

Novembro

Dezembro

1
MAR

A alegria da evangelização

Vamos testemunhar a novidade, a esperança e a alegria que o Senhor traz para a vida. Vamos sentir dentro de nós "a deliciosa e reconfortante alegria de evangelizar" (Paulo VI, exortação apostólica *Evangelii Nuntiandi*, nº 80). Porque evangelizar, proclamando Jesus, dá-nos alegria. O egoísmo, por sua vez, nos torna amargos, tristes, e nos deprime. Evangelizar eleva-nos.

— Audiência Geral, 22 de maio de 2013

Reflexão

Você já experimentou a alegria de evangelizar?
Dê a Deus a oportunidade de falar por intermédio de você.

2
MAR

Cristãos na vida real

Nós estamos abertos ao Espírito Santo? Deixamo-nos guiar por ele? Os Cristãos são "espirituais". Isso não significa que somos pessoas que vivem "nas nuvens", distantes da vida real, como se o Espírito Santo fosse uma espécie de miragem. Não! O Cristão é alguém que pensa e age no seu cotidiano de acordo com a vontade de Deus, alguém que permite que sua vida seja guiada e alimentada pelo Espírito Santo, para que se torne uma vida plena, uma vida digna de verdadeiros filhos e filhas.

— Homilia, 16 de junho de 2013

Reflexão

Você convida o Espírito Santo para entrar em sua vida ao amanhecer — e até mesmo — ao longo do dia? Como o Espírito Santo pode desempenhar um papel em sua realidade?

3
MAR

Nossa pobreza

Todos nós experimentamos nossa pobreza, nossa dificuldade de trazer o precioso tesouro do Evangelho para o mundo, mas devemos constantemente repetir as palavras de São Paulo: "Temos este tesouro em vasos de barro, para mostrar que o poder transcendente pertence a Deus e não a nós" (Coríntios 2, 4:7). É isto que sempre deve nos dar coragem: saber que o poder de evangelização vem de Deus, que pertence a Ele.

— Discurso, 17 de maio de 2013

Reflexão

Que fraqueza impede você de compartilhar a fé? Aproveite agora para depositar ainda mais a sua confiança em Deus.

4
MAR

Aceitar a velhice

Às vezes parece-me que, em nossos relacionamentos com crianças e jovens, somos como adultos que abandonam e desprezam esses pequeninos, porque eles revelam nossa amargura e nossa incapacidade de aceitar a velhice. Nós os abandonamos às vicissitudes da rua, com a atitude de "cada um por si". Nós os abandonamos nesses locais de entretenimento onde eles podem se divertir. Ou os abandonamos aos cuidados do frio e do passivo anonimato das tecnologias modernas.

Deixamos de lado nossos cuidados com eles, e até os imitamos, porque não queremos aceitar o nosso lugar como adultos. Nós não entendemos que o mandamento do amor nos obriga a nos importar com os outros, a estabelecer limites, a alargar os horizontes e a testemunhar com nossas vidas.

— *Só o amor nos salvará*, Homilia, 25 de maio de 2012

Reflexão

Quais responsabilidades Deus tem dado a você? O que você pode fazer esta semana para ser fiel a elas? Em que áreas Deus o está chamando a assumir mais responsabilidades?

5
MAR

Rasguem seus corações

A palavra do profeta Joel é forte e desafiadora: "Rasgai vossos corações e não as vossas vestes, e voltai para o Senhor vosso Deus". Essas palavras são um convite a todas as pessoas; elas não excluem ninguém.

Rasguem seus corações e não suas vestes de uma penitência que não é sincera nem garante um futuro eterno. Rasguem seus corações e não suas vestes de qualquer abstinência que é uma mera formalidade ou uma observância que só serve para nós mesmos nos sentirmos satisfeitos. Rasguem seus corações e não suas vestes da oração superficial e egocêntrica que não chega ao íntimo de sua vida para que Deus possa tocá-lo. Rasguem seus corações, de modo que vocês possam dizer juntamente com o salmista: "Nós pecamos".

— *Só o amor nos salvará*, Mensagem Quaresmal,
13 de fevereiro de 2013

Reflexão

No íntimo de seu coração, peça perdão a Deus. Pergunte o que você pode fazer para centralizar mais Nele a sua vida.

6
MAR

Sorrisos de plástico

A Quaresma vem a nós com o seu clamor de verdade e de esperança. Ela nos diz que não devemos nos basear em maquiagem e ostentar sorrisos de plástico como se nada estivesse acontecendo [...].

Deus nos convida [...] a admitir que algo dentro de nós não está bem, que há algo de errado na sociedade ou na Igreja. Ele nos convida a mudar, a mudar de atitude e a sermos convertidos.

— *Só o amor nos salvará*, Mensagem Quaresmal,
13 de fevereiro de 2013

Reflexão

Que aspecto de sua vida precisa de conversão?
Dê um passo à frente nessa área hoje.

7
MAR

Sempre a Cruz

É a Cruz — sempre a Cruz que está presente com Cristo, porque às vezes ela nos é oferecida sem Cristo: isso não tem nenhum propósito! É a Cruz, e sempre a Cruz com Cristo, o que garante a fecundidade da nossa missão.

— Homilia, Missa com Seminaristas e Noviços, 7 de julho de 2013

Reflexão

Que cruz Jesus o está convidando a carregar este mês?

8
MAR

Gratidão

A Quaresma [...] deve ser um tempo de conversão que flua da gratidão por tudo o que Deus nos deu, por tudo o que Ele tem feito e continuará a realizar no mundo, na história e em nossas vidas individualmente. Nossa gratidão deve ser como a de Maria, que, apesar de todas as tristezas que teve de suportar, não baixou os olhos em derrota; pelo contrário, cantou a grandeza do Senhor.

— *Só o amor nos salvará*, Mensagem Quaresmal,
22 de fevereiro de 2012

Reflexão

Escreva uma lista de dez coisas pelas quais você é grato. Reserve um tempo para agradecer a Deus por cada uma delas.

9
MAR

Para conhecer uns aos outros

Eu, às vezes, pergunto às pessoas: “Você dá esmolas?” Elas me respondem: “Sim, Santo Padre”. “E, quando dá a esmola, você olha no olho da pessoa a quem está dando?” “Ah, não sei, não percebo.” “Então, você não esteve realmente com a pessoa. Você lhe atirou a esmola e foi embora. Quando dá a esmola, você toca a mão da pessoa ou apenas joga a moeda?” “Eu só jogo a moeda.” “Então você não a tocou. E se você não a toca, não a conhece."

O que Jesus nos ensina, antes de tudo, é conhecer uns aos outros e, nesse encontro, oferecer ajuda mútua. Temos de saber como conhecer uns aos outros. Temos de elaborar, criar e construir uma cultura do encontro.

— Mensagem, 7 de agosto de 2013

Reflexão

Como você pode construir essa cultura do encontro, especialmente no seu trato com os pobres?

10
MAR

Onde está você?

Esta é a primeira pergunta que Deus faz ao homem depois de seu pecado: "Adão, onde estás?" Adão perdeu seu rumo, o seu lugar na criação, porque pensou que poderia ser poderoso, capaz de controlar tudo, que poderia ser Deus. A harmonia foi perdida; o homem errou e esse erro se repete também no relacionamento com os outros. "O outro" não é mais um irmão ou irmã a ser amado, mas simplesmente alguém que perturba a minha vida e o meu conforto.

— Homilia, 8 de julho de 2013

Reflexão

Quem perturba a sua vida?
Como você pode responder com amor?

11
MAR

Deus é pura misericórdia

"Revesti-vos de Cristo": Ele espera por você no sacramento da Penitência, e com sua misericórdia vai curar todas as feridas causadas pelo pecado. Não tenha medo de pedir o perdão de Deus, porque Ele não se cansa de nos perdoar, como um pai que nos ama. Deus é pura misericórdia!

— Discurso, Dia Mundial da Juventude, 25 de julho de 2013

Reflexão

Quando foi a última vez que você participou do sacramento da Penitência? Reserve um tempo para isso esta semana.

12
MAR

Glorificado na Cruz

Mas as dificuldades e as provações fazem parte do caminho que conduz à glória de Deus, assim como foram para Jesus, que foi glorificado na Cruz; sempre as encontraremos na vida! Não desanime! Nós temos o poder do Espírito Santo para superar essas provações!

— Homilia, 28 de abril de 2013

Reflexão

Pense em como você pode unir suas dificuldades e suas provações ao sofrimento e à morte de Jesus na Cruz.

13
MAR

Este é o caminho

Se quisermos tomar o caminho do mundanismo, da negociação com o mundo [...], nunca teremos o consolo do Senhor. E se buscarmos consolo sozinhos será um consolo superficial, não o consolo de Deus, mas um consolo humano.

A Igreja sempre avança entre a cruz e a ressurreição, entre as perseguições e as consolações de Deus. Esse é o caminho; aqueles que tomarem esse caminho não errarão.

— Homilia, 23 de abril de 2013

Reflexão

Que situações em sua vida fazem-no escolher o caminho dos prazeres materiais? Reserve algum tempo para confiar mais profundamente no consolo do Senhor.

14
MAR

Uma resposta ao mal

A Cruz é a palavra com a qual Deus respondeu ao mal no mundo. Às vezes, pode parecer que Deus não reage ao mal, já que Ele é silencioso. E, no entanto, Deus falou, respondeu, e sua resposta é a Cruz de Cristo: uma palavra que é amor, misericórdia, perdão.

— Discurso, 29 de março de 2013

Reflexão

Você às vezes se pergunta onde está Deus quando vê o mal no mundo? Nessas horas, lembre-se da Cruz de Jesus.

15
MAR

Adentrando a morte

O que a Cruz deu àqueles que a contemplaram e àqueles que a tocaram? O que a Cruz deixou em cada um de nós? Veja, ela nos dá um tesouro que ninguém mais pode dar: a certeza do amor fiel que Deus tem por nós. Um amor tão grande, que adentra nosso pecado e o perdoa, adentra nosso sofrimento e nos dá a força necessária para suportá-lo.

É um amor que adentra a morte para dominá-la e nos salvar.

— Discurso, Dia Mundial da Juventude, Caminho da Cruz, 26 de julho de 2013

Reflexão

Medite sobre as Estações da Cruz.
Reflita sobre o tesouro que Deus deu a você.

16
MAR

Falar, falar, falar [...] Não!

Minha experiência é o que eu sinto em frente ao sacrário, quando vou à noite rezar diante do Senhor. Às vezes, eu cochilo por um tempo; isso é verdade, pois a tensão do dia pode fazer você cair no sono, mas Ele entende isso. Eu sinto grande conforto quando penso no Senhor olhando para mim. Achamos que temos de rezar e falar, falar, falar [...] Não! Deixe que o Senhor olhe para você. Quando Ele olha para nós, Ele nos dá força e nos ajuda a prestar testemunho Dele.

— Discurso, 18 de maio de 2013

Reflexão

Dedique agora ao menos cinco minutos para ficar em silêncio diante de Deus.

17
MAR

Desatentos

Quantos de nós, inclusive eu, já perderam a paciência? Não estamos mais atentos ao mundo em que vivemos, não nos importamos, não protegemos o que Deus criou para todos e acabamos sendo incapazes até mesmo de cuidar uns dos outros!

— Homilia, 8 de julho de 2013

Reflexão

Onde a nossa cultura falhou em relação a nos importarmos com o próximo? Em que situações de sua vida você tem feito uso dessa cultura?

18
MAR

O dom da esperança

Para nós, Cristãos, onde estiver a Cruz haverá esperança, sempre. Se não há esperança, não somos Cristãos. É por isso que eu gosto de dizer: não se permitam ter a esperança roubada. Que nossa esperança não seja roubada, porque essa força é uma graça, um dom de Deus que nos leva adiante com os olhos fixos no céu.

— Homilia, 15 de agosto de 2013

Reflexão

O que rouba a sua esperança?
Peça a Deus o dom da esperança em sua vida.

19
MAR

Pense em São José

FESTA DE SÃO JOSÉ, ESPOSO DA VIRGEM MARIA

Pensemos em São José, que olhava por Maria e Jesus, em seus cuidados para com a família que Deus lhe havia confiado, e no olhar atento com que ele a guiou para evitar os perigos do caminho. Por isso, que saibam os pastores como estar na frente do rebanho para mostrar-lhe o caminho, no meio dele para mantê-lo unido, e atrás do rebanho para evitar que alguém fique para trás e porque o próprio rebanho tem, por assim dizer, um "bom faro" para encontrar o caminho. É assim que o pastor deve mover-se!

— DISCURSO, 21 de junho de 2013

Reflexão

São José é um grande modelo para todos nós em relação a como devemos proteger as pessoas em nossas vidas e cuidar delas. O que podemos aprender com o seu exemplo de obediência resignada ao chamado de Deus e sua prontidão para servir de todo o coração?

20
MAR

Oferecimento

Quando Jesus enviou seus discípulos para anunciar o Reino, Ele lhes disse: "De graça recebestes; de graça dai" (Mateus 10:8, NVI). O Senhor quer que seu Reino seja difundido por meio de gestos de amor oferecidos gratuitamente. Essa foi a forma como homens e mulheres reconheceram os primeiros Cristãos quando eles espalhavam a mensagem que deles transbordava. "De graça recebestes, de graça dai." [...] A Igreja cresce por atração, por seu testemunho, e não por proselitismo.

— *Só o amor nos salvará*, Mensagem Quaresmal,
22 de fevereiro de 2012

Reflexão

Tendo em mente as dádivas que Deus nos oferece, quais gestos de amor e encorajamento você pode oferecer de graça aos outros? Como você pode viver essa perspectiva hoje?

21
MAR

Um escândalo

A fé em Jesus Cristo não é uma piada, é algo muito sério. É um escândalo que Deus tenha vindo a ser um de nós. É um escândalo que Ele tenha morrido numa cruz. É um escândalo: o escândalo da Cruz. A Cruz continua a provocar escândalo. Mas é o único caminho certo, o caminho da Cruz, o caminho de Jesus, o caminho da encarnação de Jesus.

Por favor, não deixem que sua fé em Jesus Cristo seja diluída. Nós fazemos bebidas misturando frutas e água — suco de laranja, maçã ou banana, mas, por favor, não bebam uma forma diluída de fé.

— Discurso, Dia Mundial da Juventude, 25 de julho de 2013

Reflexão

De que forma você dilui a sua fé em Jesus? Medite sobre a Cruz para que ela o ajude a fortalecer seu compromisso com Ele.

22
MAR

Morda a língua!

Que cada um pergunte a si mesmo hoje: "Eu aumento a harmonia na minha família, na minha paróquia, na minha comunidade, ou sou fofoqueiro? Será que sou motivo de divergência ou de constrangimento?" E você sabe o mal que a fofoca faz à Igreja, às paróquias, às comunidades. Fofoca faz mal! Fofocas machucam.

Antes que Cristãos abram a boca para fofocar, eles devem morder sua língua! Morder a língua: isso nos faz bem porque a língua incha e não é possível falar, não dá pra fofocar. "Sou eu humilde o suficiente para costurar pacientemente, com o sacrifício, as feridas abertas na comunhão?"

— Audiência Geral, 25 de setembro de 2013

Reflexão

Você conhece alguma situação em que precise morder a língua? Peça ao Senhor a graça de evitar fofocas e só falar coisas boas sobre os outros.

23
MAR

Só o amor nos salvará

Já sabemos para onde a ganância voraz pelo poder, a imposição das ideias como se fossem absolutas e a rejeição daqueles que pensam de forma diferente nos levarão: a um entorpecimento da consciência e ao abandono. Somente o mandamento do amor em toda a sua simplicidade — constante, humilde, modesto, mas firme na convicção e no compromisso com os outros — pode nos salvar.

— *Só o amor nos salvará*, Homilia, 25 de maio de 2012

Reflexão

Por que você acha que a humildade é essencial para amar? Como poderia um espírito de humildade ajudá-lo a amar os outros mais sincera e verdadeiramente?

24
MAR

A amargura das ofertas do diabo

Nunca nos rendamos ao pessimismo, à amargura que o diabo nos oferece todos os dias; não nos rendamos ao pessimismo ou ao desânimo: tenhamos plena certeza de que o Espírito Santo concede à Igreja, com seu forte fôlego, a coragem de perseverar e também de buscar novos métodos de evangelização, de modo a levar o Evangelho aos confins mais remotos da Terra (cf. Atos 1:8).

— Discurso, 15 de março de 2013

Reflexão

O que torna você pessimista sobre si mesmo, sua Igreja e seu mundo? Peça ao Espírito Santo esperança e coragem.

25
MAR

Reviva o "sim" de Maria

FESTA DA ANUNCIAÇÃO DO SENHOR

A esse respeito, temos de aprender com Maria, devemos reviver o seu "sim", a sua disponibilidade incondicional para receber o Filho de Deus em sua vida, que foi transformada a partir daquele momento. Por intermédio do Espírito Santo, o Pai e o Filho fazem sua morada em nós: vivemos em Deus e por Deus. No entanto, nossa vida é verdadeiramente inspirada por Deus? Quantas coisas eu coloco antes de Deus?

— AUDIÊNCIA GERAL, 15 de maio de 2013

Reflexão

O que você coloca antes de Deus? Como pode reviver o "sim" de Maria ao que Deus quer para você?

26
MAR

Nunca desista

Queridos irmãos e irmãs, não nos fechemos à novidade que Deus quer trazer para nossas vidas! Estamos muitas vezes cansados, desanimados e tristes? Sentimo-nos sob o peso de nossos pecados? Será que achamos que não vamos ser capazes de lidar com isso? Não fechemos os nossos corações, não vamos perder a confiança, nunca desistamos: não existem situações que Deus não possa mudar, não há pecado que Ele não perdoe se nós nos abrirmos para Ele.

— Homilia, Vigília Pascal, 30 de março de 2013

Reflexão

Que novidades Deus está trazendo para sua vida?
Como você pode se abrir mais para aquilo que Ele quer de você?

27
MAR

A nudez do seu pecado

Adão, depois de seu pecado, experimenta a vergonha, sente-se nu, sente o peso do que fez; no entanto, Deus não o abandona [...]. Deus pergunta de imediato: "Adão, onde estás?" Ele o procura. Jesus assumiu a nossa nudez, tomando para si a vergonha de Adão, a nudez do seu pecado, a fim de lavar o nosso pecado: por suas chagas fomos curados.

— Homilia, Domingo da Divina Misericórdia, 7 de abril de 2013

Reflexão

Reserve algum tempo para refletir sobre seus pecados e a dádiva da Cruz de Jesus. Permita-se experimentar a sua cura.

28
MAR

Ser crucificado novamente

Segundo uma antiga história romana, enquanto fugia da cidade durante as perseguições de Nero, São Pedro viu Jesus, que estava viajando na direção oposta — isto é, em direção à cidade — e perguntou-lhe com espanto: "Senhor, para onde está indo?" A resposta de Jesus foi: "Vou a Roma para ser crucificado novamente". Naquele momento, Pedro compreendeu que tinha de seguir o Senhor com coragem, até o fim. Mas ele também percebeu que nunca estaria sozinho na jornada. Jesus, que o tinha amado até na morte, estaria sempre com ele.

— Discurso, Dia Mundial da Juventude, 26 de julho de 2013

Reflexão

Como você se identifica com Pedro?
Como é Deus com você em sua jornada?

29
MAR

A primeira reforma

Os ministros da Igreja devem ser misericordiosos, devem assumir a responsabilidade para com o povo e acompanhá-lo como o bom samaritano, que lava, limpa e ergue seu vizinho. Esse é o Evangelho puro. Deus é maior do que o pecado. As reformas estruturais e organizacionais são secundárias — isto é, elas vêm depois. A primeira reforma deve ser de atitude.

Os ministros do Evangelho devem ser pessoas que possam aquecer o coração das pessoas, que caminhem pela noite escura com elas, que saibam dialogar e penetrar na escuridão das pessoas, mas sem se perder.

— Entrevista com o Papa Francisco, revista *America*,
30 de setembro de 2013

Reflexão

Pense em alguém que você admira, que é bom em "andar com" os outros, em espalhar compaixão. Como você pode seguir esse exemplo? Que passos você pode dar para superar qualquer indiferença que porventura sinta?

30
MAR

Decisão final

Queridos irmãos e irmãs, como é difícil tomar uma decisão final em nossos tempos. Coisas temporárias nos seduzem. Somos vítimas de uma tendência que nos empurra para o provisório [...], como se quiséssemos nos manter adolescentes. Há um pouco de charme em permanecer adolescentes, e por toda a vida!

Não tenhamos medo dos compromissos da vida, compromissos que nos ocupam e preocupam pela vida inteira! Dessa forma, a nossa vida será frutífera! E esta é a liberdade: ter a coragem de tomar essas decisões com generosidade.

— Discurso, 4 de maio de 2013

Reflexão

Que decisões você está evitando atualmente?
Peça a Deus para ajudá-lo a tomar uma decisão hoje.

31
MAR

Deus gosta de você

Nós ouvimos o Espírito Santo? O que o Espírito Santo nos diz? Ele diz: "Deus ama você". Ele nos diz isso. Deus ama você, Deus gosta de você. Será que realmente amamos a Deus e aos outros, como Jesus?

Deixemo-nos guiar pelo Espírito Santo, vamos deixá-lo falar ao nosso coração e dizer-nos: "Deus é amor, Deus está esperando por nós, Deus é Pai, Ele nos ama como um verdadeiro pai, Ele nos ama verdadeiramente, e só o Espírito Santo pode nos dizer isso em nossos corações".

— Audiência Geral, 8 de maio de 2013

Reflexão

Em seu coração, reflita sobre como você vê Deus. Peça ao Espírito Santo para ajudá-lo a compreender o amor de Deus por você.

Janeiro

Fevereiro

Março

Abril

Maio

Junho

Julho

Agosto

Setembro

Outubro

Novembro

Dezembro

1
ABR

Tolo!

[Às vezes] queremos nos salvar e acreditamos que podemos. Talvez não digamos exatamente isso, mas é assim que fazemos. [Por exemplo,] quando pensamos: "Eu posso me salvar com dinheiro. Estou seguro, tenho algum dinheiro, não há nenhum problema [...]. Eu tenho dignidade: a dignidade de ser rico".

[...] Pense na parábola do Evangelho do homem que tinha o celeiro cheio e que pensou: "Vou construir outro celeiro, para poder guardar cada vez mais e poder dormir em paz". E Deus responde: "Tolo! Você vai morrer esta noite". Essa salvação é errada, é temporária, aparente.

— Homilia, Domus Sanctae Marthae, 10 de abril de 2013

Reflexão

De que forma a maneira como você vive demonstra onde colocou a sua esperança de salvação? No mundo? Em riquezas? Em poder? Deposite sua confiança em uma salvação que venha somente da morte de Jesus na Cruz.

2
ABR

Perdemos noventa e nove ovelhas!

Quero contar algo a vocês. Há uma bela passagem do Evangelho que nos fala do pastor que, ao voltar ao curral das ovelhas, deu pela falta de uma delas. Ele deixou as noventa e nove outras e foi em busca daquela; saiu para procurar uma. Mas, irmãos e irmãs, temos uma ovelha. Perdemos as outras noventa e nove! Temos de sair, temos de ir até elas! Nesse rebanho — vamos dizer a verdade — temos apenas uma ovelha; somos uma minoria! E sentimos o fervor, o zelo apostólico para sair e encontrar as outras noventa e nove?

Essa é uma enorme responsabilidade e devemos pedir ao Senhor as graças da generosidade, da coragem e da paciência para sair e pregar o Evangelho. Ah, isso é difícil. É mais fácil ficar em casa, com aquela única ovelha! É mais fácil pentear o pelo daquela ovelha, acariciá-la [...], mas nós, sacerdotes, e também vocês, Cristãos, todos nós: o Senhor quer que sejamos pastores, Ele não quer que fiquemos penteando lã! Pastores!

— Discurso, 17 de junho de 2013

Reflexão

Jesus está lhe pedindo para sair e encontrar as noventa e nove ovelhas perdidas. Como você se sente quanto a isso? O que você teme? Quais são suas expectativas? Converse com Deus sobre isso e peça a generosidade de que você vai precisar.

3
ABR

Esquecidos de como chorar

Somos uma sociedade que esqueceu como chorar, como experimentar a compaixão — "sofrer com" os outros: a globalização da indiferença tirou de nós a capacidade de chorar! [...] Peçamos ao Senhor a graça de chorar por nossa indiferença, chorar pela crueldade do nosso mundo, de nossos próprios corações, e de todos aqueles que, no anonimato, tomam decisões sociais e econômicas que abrem a porta para tragédias [...]. Quem chorou hoje no mundo?

— Homilia, 8 de julho de 2013

Reflexão

Reserve um momento para examinar a sua compaixão pelos outros, por aqueles que o rodeiam e por quem está no mundo. O que você pode fazer para ajudar o próximo de forma concreta nas próximas semanas?

4
ABR

Sinal de amor

Vamos abrir as portas para o Espírito, deixemo-nos guiar por ele e permitamos a ajuda constante de Deus para nos tornarmos homens e mulheres novos, inspirados pelo amor de Deus que o Espírito Santo nos concede! Que lindo seria se cada um de vocês, a cada noite, pudesse dizer: hoje, na escola, em casa, no trabalho, guiado por Deus, eu dei um sinal de amor por um dos meus amigos, por meus pais, por um idoso! Como é belo!

— Homilia, Santa Missa Crismal, 28 de abril de 2013

Reflexão

Tente, hoje mesmo, vivenciar com vontade as palavras do Papa Francisco. Peça ao Espírito Santo oportunidades de você poder dar sinais de amor por alguém, não só hoje mas todos os dias.

5
ABR

Luzes de esperança

Aquele com a mão erguida é Deus, e Deus é a nossa esperança! É verdade que, hoje em dia, em alguma medida, todos, incluindo os nossos jovens, sentem-se atraídos por muitos ídolos que tomam o lugar de Deus e parecem oferecer esperança: dinheiro, sucesso, poder, prazer. Não raro, um crescente sentimento de solidão e vazio nos corações de muitas pessoas leva-as a buscar satisfação nesses ídolos efêmeros.

Queridos irmãos e irmãs, sejamos luzes de esperança! Mantenhamos uma visão positiva da realidade.

— Homilia, Dia Mundial da Juventude, 24 de julho de 2013

Reflexão

Reserve um tempo extra para dedicar a um jovem em sua vida esta semana. Seja uma luz de esperança.

6
ABR

A credibilidade da Igreja

Vamos todos nos lembrar disto: não se pode anunciar o Evangelho de Jesus sem o testemunho tangível da vida de alguém. Aqueles que nos ouvem e nos observam devem ser capazes de ver em nossas ações o que eles ouvem de nossos lábios, e assim dar glória a Deus!

[...] A inconsistência por parte dos pastores e dos fiéis entre o que dizem e o que fazem, entre a palavra e o modo de vida, está afetando a credibilidade da Igreja.

— Homilia, 14 de abril de 2013

Reflexão

Que aspecto de sua vida prejudica seu testemunho para a credibilidade da Igreja?

7
ABR

Ele anda no nosso ritmo

Não existe um "protocolo" para a ação de Deus em nossa vida [...], isso não existe. Ele intervém de uma maneira ou de outra, mas sempre intervém. O Senhor sempre escolhe a forma de entrar em nossas vidas. Muitas vezes, Ele o faz bem devagar, tão devagar, que corremos o risco de perder um pouco de nossa paciência. Mas quando, Senhor?

[...] O Senhor age em seu próprio tempo. Mas Ele mesmo, nessa relação conosco, tem muita paciência. Ele espera por nós! E espera até o fim da vida! Pense no bom ladrão; no final, bem no final, ele reconheceu a Deus. O Senhor caminha conosco, mas muitas vezes não Se revela, como no caso dos discípulos de Emaús.

O Senhor está em nossas vidas — isso é um fato! — mas, com frequência, não enxergamos. Isso nos exige paciência. Mas Deus caminha conosco, Ele também tem muita paciência [...] [e] anda no nosso ritmo.

— Homilia, Domus Sanctae Marthae, 28 de junho de 2013

Reflexão

Em que questões você está sendo paciente com Deus?
Em que questões Ele está sendo paciente com você?

8
ABR

Roubar dos pobres

Nesse sentido, quero encorajar os especialistas financeiros e os líderes políticos do mundo a considerar as palavras de São João Crisóstomo: "Não compartilhar seus bens com os pobres é roubar deles e privá-los de vida. Não são os nossos bens que possuímos, mas os deles" (*Homilia sobre Lázaro*, 1:6 — PG 48, 992D).

— Discurso, 16 de maio de 2013

Reflexão

De que forma você pode enxergar o dinheiro como um meio de abençoar outras pessoas? O que Deus está lhe pedindo para fazer com os dons e os recursos que Ele lhe deu?

9
ABR

Permeados

A propagação do Evangelho não é garantida pelo número de pessoas, pelo prestígio da instituição, ou pela quantidade de recursos disponíveis. O importante é que sejamos permeados pelo amor de Cristo, deixando-nos conduzir pelo Espírito Santo e enxertar nossa existência na árvore da vida, que é a Cruz do Senhor.

— Homilia, Missa com Seminaristas e Noviços, 7 de julho de 2013

Reflexão

Deposite a sua confiança em Deus.
Ele irá ajudá-lo a propagar o Evangelho.

10
ABR

Bom para o coração

Permaneçam firmes no caminho da fé, com inabalável esperança no Senhor. Esse é o segredo da nossa jornada! Ele nos dá a coragem de nadar contra a maré. Prestem atenção [...]: ir contra a corrente [...] é bom para o coração, mas é preciso ter coragem para nadar contra a maré. Jesus nos dá essa coragem!

— Homilia, Santa Missa Crismal, 28 de abril de 2013

Reflexão

A cultura de hoje é uma onda muito forte.
Existem aspectos negativos da cultura particularmente difíceis de resistir para você? Em que área você precisa de coragem em sua jornada de fé?

11
ABR

Vamos a Jesus

Não nos esqueçamos de que o Senhor sempre cuida de nós com misericórdia; Ele sempre cuida de nós com misericórdia. Não tenhamos medo de nos aproximar Dele! Ele tem um coração misericordioso! Se mostrarmos a Ele as nossas feridas internas, nossos pecados interiores, Ele sempre nos perdoará. É a pura misericórdia. Vamos a Jesus!

— Discurso Angelus, 9 de junho de 2013

Reflexão

Examine sua vida e converse com Deus sobre suas feridas internas. Encontre tempo para confessar-se esta semana.

12
ABR

Não apenas nos livros

Algumas pessoas dirão: "Não, eu prefiro ler sobre a fé nos livros!" É importante ler sobre a fé, mas, veja, isso por si só não é suficiente! O que importa é o nosso encontro com Jesus, o nosso encontro com Ele, e isso é o que lhe dá fé, porque Ele é o único que dá fé a você!

— Discurso, 18 de maio de 2013

Reflexão

Como você pode encontrar Deus esta semana, por meio de profundas conversas com Ele e de outras pessoas?

13
ABR

Não reter nada

Na Semana Santa, vivemos o momento culminante desta jornada, deste plano de amor que atravessa toda a história das relações entre Deus e a humanidade. Jesus entra em Jerusalém para dar o seu último passo, com o qual Ele resume toda a sua existência. Ele se dá sem reservas; não retém nada para si, nem mesmo a vida.

— Audiência Geral, 27 de março de 2013

Reflexão

Reserve algum tempo para ler e pensar sobre o amor de Deus que nos foi revelado pelo despojamento de Jesus na Cruz.

14
ABR

Estar com Jesus

A lógica da Cruz [...] não é primordialmente a lógica do sofrimento e da morte, mas sim a do amor e do dom de si mesmo, que traz a vida [...]. Seguir e acompanhar Cristo, estar com Ele, exige "sairmos de nós mesmos", obriga-nos a sermos extrovertidos, a sairmos da maneira triste de vivenciar a fé quando ela se torna um hábito, da tentação de nos fecharmos em nossos próprios planos, que acabam por encerrar a ação criadora de Deus.

— Audiência Geral, 27 de março de 2013

Reflexão

Como você está "acompanhando Cristo" esta semana? Peça a Deus para mudar a sua lógica pela lógica da Cruz e para tirá-lo de uma fé que se tornou apenas um hábito.

15
ABR

Você não carrega sozinho a sua cruz!

A Cruz de Cristo traz o sofrimento e o pecado da humanidade, incluindo o nosso. Jesus aceita tudo isso de braços abertos, tendo nos ombros nossas cruzes e dizendo a cada um de nós: "Tenha coragem! Você não carrega sozinho a sua cruz! Eu a carrego com você. Eu venci a morte e vim para lhe dar esperança, dar-lhe vida" (cf. João 3:16).

— Discurso, Dia Mundial da Juventude, Caminho da Cruz, 26 de julho de 2013

Reflexão

O que o preocupa hoje? Faça uma lista e ofereça suas aflições a Jesus; Ele carregará esses fardos com você.

16
ABR

Rezar para o diabo

Quando não professamos Jesus Cristo, as palavras de Léon Bloy vêm à mente: "Quem não ora ao Senhor, reza ao diabo". Quando nós não professamos Jesus Cristo, professamos o mundanismo do diabo, um mundanismo demoníaco.

— Homilia, 14 de março de 2013

Reflexão

Professar Jesus significa professá-lo com coração, palavras e ações. Reserve um tempo esta semana para professar Jesus como Senhor em todas essas áreas.

17
ABR

Tudo para nós

Na Última Ceia, com seus amigos, Ele parte o pão e passa o cálice "para nós". O Filho de Deus se oferece a nós. Ele coloca o seu Corpo e o seu Sangue em nossas mãos, de modo a estar sempre conosco, para habitar no meio de nós. E no Jardim das Oliveiras, assim como no julgamento diante de Pilatos, Ele se coloca sem resistência, Ele oferece a si mesmo. Ele é o Servo sofredor, profetizado por Isaías, que se despoja, até a morte (cf. Isaías 53:12).

— Audiência Geral, 27 de março de 2013

Reflexão

Reserve um tempo extra depois da missa para agradecer a Deus pelo grande dom da Eucaristia!

18
ABR

Ele se entregou por você

Jesus entregou-se voluntariamente à morte a fim de retribuir o amor de Deus Pai, em união perfeita com a sua vontade, para demonstrar seu amor por nós. Na Cruz, Jesus "me amou e se entregou por mim" (Gálatas 2:20). Cada um de nós pode dizer: "Ele me amou e se entregou por mim". Cada um pode dizer "por mim".

— Audiência Geral, 27 de março de 2013

Reflexão

Passe algum tempo considerando que Jesus morreu especificamente por você.

19
ABR

Quem você quer ser?

Mas a Cruz de Cristo nos convida também a nos permitirmos atingir por seu amor, ensinando-nos sempre a olhar para os outros com misericórdia e ternura, especialmente aqueles que sofrem, que estão à espera de ajuda, que precisam de uma palavra ou uma ação concreta [...]. Quantas vezes já os vimos no Caminho da Cruz, quantas vezes eles acompanharam Jesus a caminho do Calvário: Pilatos, Simão de Cirene, Maria, as mulheres [...].

E você, quem você quer ser? Como Pilatos? Como Simão? Como Maria? Jesus está olhando para você agora e lhe perguntando: "Você quer me ajudar a carregar a Cruz?" Irmãos e irmãs, com toda a força de sua juventude, como vocês responderão a Ele?

— Discurso, Dia Mundial da Juventude, Caminho da Cruz, 26 de julho de 2013

Reflexão

Pense em todos os personagens da jornada até o Calvário. De qual deles você mais gosta? Qual deles você quer ser?

20
ABR

Vamos sentir a alegria!

Ao amanhecer, quando foram ao sepulcro para ungir o corpo de Jesus, eles se depararam com o primeiro sinal: o túmulo vazio (cf. Marcos 16:1). Em seguida, encontraram com um mensageiro de Deus. Ele anunciou: "Jesus de Nazaré, o Crucificado, levantou-se, Ele não está aqui" (cf. vv. 5-6). As mulheres foram motivadas pelo amor e foram capazes de aceitar esse anúncio com fé: acreditaram e o transmitiram imediatamente; elas não o guardaram para si, mas o passaram adiante [...].

Isso deve acontecer em nossas vidas também. Vamos sentir a alegria de sermos Cristãos! Nós acreditamos no Ressuscitado que venceu o mal e a morte! Tenhamos a coragem de "sair de nós mesmos" para levar essa alegria e essa luz a todos os lugares da nossa vida!

— Audiência Geral, 3 de abril de 2013

Reflexão

Onde você encontra alegria? Peça a Deus para ajudá-lo a tornar a vida nova de Jesus o centro de sua alegria.

21
ABR

Uma nova condição

Jesus se faz presente de uma maneira nova, Ele é o Crucificado, mas seu corpo é glorificado; Ele não voltou à vida terrena, mas retornou em uma nova condição [...]. Para nós também, há muitos sinais por meio dos quais o Ressuscitado faz-se conhecer: as Sagradas Escrituras, a Eucaristia, os demais sacramentos, a caridade, todos os atos de amor que irradiam o Ressuscitado.

Vamo-nos permitir iluminar pela ressurreição de Cristo, que Ele nos transforme com o seu poder, para que também por meio de nós os sinais da morte possam dar lugar a sinais da vida no mundo.

— Audiência Geral, 3 de abril de 2013

Reflexão

De que maneira concreta você pode conhecer melhor o Ressuscitado? Reserve um tempo esta semana para promover seu compromisso com as Escrituras, a Eucaristia, ou um ato de caridade.

22
ABR

O fundamento da nossa fé

O que significa a ressurreição para a nossa vida? E por que nossa fé é em vão sem ela? Nossa fé fundamenta-se na morte e na ressurreição de Cristo, assim como uma casa que se sustenta sobre seus alicerces: se eles faltam, toda a casa desmorona.

Jesus entregou-se a si mesmo na Cruz, tomando o fardo de nossos pecados sobre si mesmo e descendo para o abismo da morte; em seguida, na ressurreição, Ele triunfou sobre eles, afastou-os e abriu diante de nós o caminho ao renascimento e a uma nova vida.

— Audiência Geral, 10 de abril de 2013

Reflexão

Será que sua vida seria diferente sem a Ressurreição? Reflita sobre o que ela significa para sua vida e como suas ações nascem desse grande presente.

23
ABR

Você é um revolucionário?

Houve muitos revolucionários na história, muitos de fato. No entanto, nenhum deles tinha a força dessa revolução que trouxe Jesus para nós: uma revolução para transformar a história, uma revolução que muda o coração do homem profundamente. As revoluções da história mudaram sistemas políticos e econômicos, mas nenhuma realmente mudou o coração humano.

A verdadeira revolução, a revolução que transforma radicalmente a vida, foi trazida por Jesus Cristo, por intermédio de sua ressurreição [...]. Nos tempos atuais, se os Cristãos não forem revolucionários, eles não são Cristãos.

— Discurso, 17 de junho de 2013

Reflexão

Você é um revolucionário? Como você pode confiar em Deus para ter uma transformação mais radical da sua vida?

24
ABR

A vitória de Cristo

A graça contida nos sacramentos da Páscoa é um enorme potencial para a renovação de nossa existência pessoal, da vida familiar, das relações sociais. No entanto, tudo passa pelo coração humano: se eu me deixar tocar pela graça do Cristo ressuscitado, se eu o deixar mudar um aspecto meu que não é bom, que pode ferir a mim e a outros, permito que a vitória de Cristo se afirme na minha vida.

— Discurso *Regina Caeli*, 1º de abril de 2013

Reflexão

Como você pode receber as graças dos sacramentos de forma mais eficaz? Busque um artigo ou um livro que o ajude a aprender mais sobre como o Senhor pode conduzir, curar e fortalecê-lo por meio dos sacramentos.

25
ABR

Como você sabe se realmente conhece Jesus?

A história da primeira comunidade Cristã nos diz algo muito importante, que se aplica à Igreja em todos os tempos e também a nós. Quando uma pessoa realmente conhece Jesus Cristo e crê Nele, experimenta a presença Dele na vida, bem como o poder da sua ressurreição, e não pode deixar de transmitir essa experiência.

— Discurso *Regina Caeli*, 14 de abril de 2013

Reflexão

Você é capaz de transmitir a presença de Jesus em sua vida? O que você precisa fazer para conhecer mais verdadeiramente a Jesus Cristo?

26
ABR

É aí onde está a morte

Nossos problemas diários e preocupações podem envolver-nos em tristeza e amargura [...] e é aí onde está a morte. Esse não é o lugar onde procurar Aquele que está vivo! Deixem o Jesus ressuscitado entrar em suas vidas; recebam-no como um amigo, com confiança: Ele é a vida!

— Homilia, Vigília Pascal, 30 de março de 2013

Reflexão

Convide Jesus a entrar em seus problemas e medos.
Espere-o aparecer.

27
ABR

A mais poderosa mensagem do Senhor

Eu acho que nós também somos pessoas que, por um lado, querem ouvir a Jesus, mas, por outro, às vezes, gostariam de encontrar um pedaço de pau para bater nos outros, para condená-los. E Jesus tem esta mensagem para nós: misericórdia.

Eu acho — e digo-o com humildade — que esta é a mais poderosa mensagem do Senhor: a misericórdia.

— Homilia, 17 de março de 2013

Reflexão

Em que área você precisa experimentar a misericórdia, a paciência e o perdão de Deus? Com quem você precisa ser misericordioso?

Alegria e fervor

Faço minhas as palavras de Paulo VI, que são tão atuais, que parecem ter sido escritas ontem [...]. "Que o mundo do nosso tempo, que está à procura, às vezes com angústia, às vezes com esperança, esteja habilitado para receber a Boa-Nova, não de evangelizadores deprimidos, desanimados, impacientes ou ansiosos, mas de ministros do Evangelho cujas vidas irradiem fervor, que receberam pela primeira vez a alegria de Cristo e estão dispostos a arriscar suas vidas para que o Reino de Deus seja proclamado e a Igreja estabelecida no meio do mundo" (cf. carta apostólica *Evangelii Nuntiandi*, n. 80).

— Discurso, 17 de maio de 2013

Reflexão

Como você pode rejeitar a impaciência e a ansiedade e restaurar a alegria e o fervor em sua vida? Como essa transformação melhoraria o seu testemunho para os outros?

29
ABR

Nossa força

É a própria ressurreição que nos abre a uma maior esperança, pois abre nossa vida e a vida do mundo para o futuro eterno de Deus, para a felicidade plena, para a certeza de que o mal, o pecado e a morte podem ser superados. E isso nos leva a viver situações cotidianas com maior confiança, para enfrentá-las com coragem e determinação.

A ressurreição de Cristo ilumina essas situações cotidianas com uma nova luz. A ressurreição de Cristo é a nossa força!

— Audiência Geral, 3 de abril de 2013

Reflexão

Como a Ressurreição muda sua perspectiva em relação ao seu cotidiano?

30
ABR

A água viva

Nesta altura, podemo-nos perguntar: por que essa água sacia profundamente a nossa sede? Sabemos que a água é essencial à vida; sem água, morremos. Ela sacia, lava, torna a terra fértil. Na Carta aos Romanos, encontramos estas palavras: "O amor de Deus foi derramado em nossos corações pelo Espírito Santo que foi dado a nós" (5:5). A "água viva", o Espírito Santo, o dom do ressuscitado que habita em nós, purifica-nos, ilumina-nos, renova-nos, transforma-nos, porque Ele nos faz participantes da própria vida de Deus, que é Amor.

— Audiência Geral, 8 de maio de 2013

Reflexão

Do que você tem sede em sua vida?
Como você pode permitir que Jesus sacie essa sede?

Janeiro

Fevereiro

Março

Abril

Maio

Junho

Julho

Agosto

Setembro

Outubro

Novembro

Dezembro

1
MAI

O trabalho nos enche de dignidade

FESTA DE SÃO JOSÉ OPERÁRIO

O trabalho é parte do plano de amor de Deus; somos chamados a cuidar de todos os bens da criação, cultivá-los e, dessa forma, tomar parte na obra da criação! O trabalho é fundamental para a dignidade de uma pessoa. O trabalho, para usar uma metáfora, nos "unge" com dignidade, enche-nos de dignidade, torna-nos semelhantes a Deus, que já trabalhou e ainda trabalha, que sempre atua (cf. João 5:17). Ele nos dá a capacidade de mantermos a nós mesmos, nossa família, contribuindo para o crescimento da própria nação.

— AUDIÊNCIA GERAL, 1º de maio de 2013

Reflexão

Como o trabalho traz sentido à sua vida? Quando, em seu trabalho, você pode encontrar a Deus? Reflita sobre como você pode se aproximar de Deus por meio das pessoas com quem trabalha e da atividade que exerce.

2
MAI

Livre para a bondade

Antes de mais nada: Sejam pessoas livres! O que quero dizer? [...] Liberdade significa sermos capazes de pensar sobre o que fazemos, de avaliar o que é bom e o que é ruim — esses são os tipos de conduta que levam ao desenvolvimento; isso significa sempre optar pelo bem. Sejamos livres para a bondade. E, assim, não tenham medo de ir contra a maré, mesmo que não seja fácil! Ser sempre livre para escolher a bondade exige muito, mas as tornará pessoas de fibra capazes de encarar a vida, pessoas com coragem e paciência.

— Discurso a Alunos das Escolas Jesuítas da Itália e da Albânia, 6 de junho de 2013

Reflexão

Você é livre para fazer as escolhas certas na vida, apesar da cultura? Em que área você precisa ter mais fibra?

3
MAI

Ajuda-me a vencer minha incredulidade

Talvez alguém entre nós, aqui, esteja pensando: "Meu pecado é tão grande, estou tão longe de Deus, da mesma forma que o filho mais novo da parábola, a minha incredulidade é como a de Tomé; eu não tenho a coragem de voltar atrás, de acreditar que Deus pode me receber e está esperando por mim, entre todas as pessoas". Mas Deus está de fato à sua espera; Ele lhe pede apenas a coragem de ir até Ele.

— Homilia, Domingo da Divina Misericórdia, 7 de abril de 2013

Reflexão

Fale com Deus sobre seus pecados e suas dúvidas. Seja honesto com Ele sobre como você pensa e se sente. Não tenha medo. Ore como o pai no Evangelho de Marcos: "Eu creio; ajuda-me a vencer minha incredulidade" (Marcos 9:24).

4
MAI

As ovelhas conhecem o pastor

As ovelhas conhecem a voz do seu pastor e reconhecem quem ele é. Sabem quem o pastor é e quem não é. Sabem quem é mercenário. Sabem quem, quando o lobo aparecer, vai defendê-las e quem vai fugir. Elas sabem disso. Por essa razão, Jesus diz: "As minhas ovelhas ouvem a minha voz, e eu as conheço, e elas me seguem" (João 10:27).

— *Só o amor nos salvará*, Homilia, 4 de agosto de 2006

Reflexão

Em que vozes você confia? Como as opiniões dos outros afetam a maneira de você viver? Reserve algum tempo para depositar sua confiança na voz de Jesus. Deixe a voz dos Evangelhos ser a mais forte em sua vida.

5
MAI

Forte, são e salvo

O Senhor Ressuscitado é a esperança que nunca falha, nunca nos desaponta (cf. Romanos 5:5). A esperança não nos decepciona — a esperança do Senhor! Quantas vezes em nossa vida não desaparecem as esperanças, quantas vezes as expectativas que temos em nosso coração dão em nada? Nossa esperança, como Cristãos, é forte, sã e salva nesta Terra, onde Deus nos chamou a andar, e é aberta a toda a eternidade porque se fundamenta em Deus, que é sempre fiel. Não esqueçamos: Deus é sempre fiel a nós.

— Audiência Geral, 10 de abril de 2013

Reflexão

No passado, que esperanças frustraram você?
Em que é diferente a esperança em Jesus?
Como essa perspectiva pode mudar sua maneira de viver?

6
MAI

Tudo está diferente

Você vê como a fé realiza uma revolução em nós, que podemos chamar de copernicana; ela nos retira do centro e coloca Deus; a fé nos imerge no seu amor e nos dá segurança, força e esperança. Aparentemente, nada mudou; no entanto, no âmago do nosso ser, tudo está diferente. Com Deus, a paz, o consolo, a bondade, a coragem, a serenidade e a alegria, todos frutos do Espírito Santo (cf. Gálatas 5:22), encontram um lar em nosso coração. Então o nosso próprio ser é transformado; nosso modo de pensar e de agir é recriado, tornando-se o modo de pensar do próprio Jesus, do próprio Deus. Queridos amigos, a fé é revolucionária e hoje eu lhes pergunto: vocês estão abertos a entrar nessa onda revolucionária de fé? Só quando entrarem nessa onda é que suas jovens vidas farão sentido e produzirão frutos!

— Discurso, Dia Mundial da Juventude, 25 de julho de 2013

Reflexão

Você já colocou Deus no centro da sua vida? Você está aberto a essa "onda revolucionária de fé"? Se você já colocou Deus no centro, que frutos Ele trouxe para sua vida?

7
MAI

O Deus de hoje

Jesus já não pertence ao passado, mas vive no presente e se projeta em direção ao futuro. Jesus é o eterno "hoje" de Deus.

— Homilia, Vigília Pascal, 30 de março de 2013

Reflexão

O que significa viver no presente com Deus? Como Ele o chama para amá-Lo hoje? O que você pode fazer hoje para permanecer próximo a Ele no futuro?

8
MAI

Pronto para nos abraçar

Deus é paciente conosco porque nos ama, e aqueles que amam são capazes de entender, esperar, inspirar confiança. Eles não desistem, eles não queimam pontes, eles são capazes de perdoar.

Lembremo-nos disso em nossas vidas como Cristãos: Deus sempre espera por nós, mesmo quando o deixamos para trás! Ele nunca está longe de nós, e se voltarmos para Ele, estará pronto para nos abraçar.

— Homilia, Domingo da Divina Misericórdia, 7 de abril de 2013

Reflexão

No silêncio do seu coração, lembre-se de que Deus está muito perto de você. De que forma Deus está pedindo que você volte para Ele?

9
MAI

Com sua carne

Quando Jesus curou um homem doente, Ele não foi apenas um curandeiro. Quando ensinou as pessoas — pensemos nas Bem-aventuranças —, Ele não era apenas um catequista, um pregador da moral. Quando protestou contra a hipocrisia dos fariseus e dos saduceus, Ele não era um revolucionário que queria expulsar os romanos. Não, essas ações de Jesus — curar, ensinar, censurar a hipocrisia — eram apenas um sinal de algo maior que Jesus estava fazendo: Ele estava perdoando pecados [...] Todo o resto — a cura, o ensino, as reprimendas — são apenas sinais do milagre mais profundo, que é a recriação do mundo.

Assim, a reconciliação é a recriação do mundo; e a mais profunda missão de Jesus é o resgate de todos nós, pecadores. E Jesus não fez isso com palavras, com ações, ou caminhando pela estrada. Não! Ele fez isso com sua carne. É realmente Ele, Deus, que se torna um de nós, um homem, para nos curar por dentro.

— Homilia, Domus Sanctae Marthae, 4 de julho de 2013

Reflexão

O pecado nos deixa feridas, mas Jesus tem o poder
de recriar nossos corações pelo perdão dos pecados.
Ele não nos perdoa a distância. Ele não está distante. Ele está
perto de você agora e quer que você se aproxime Dele para
ser curado. Como você vai responder?

10
MAI

É possível percorrer o caminho da paz?

E, nesta altura, eu me pergunto: é possível percorrer o caminho da paz? Podemos sair desta espiral de sofrimento e morte? Podemos aprender novamente a andar e a viver nos caminhos da paz? Invocando a ajuda de Deus, sob o olhar materno da Salus Populi Romani, a Rainha da Paz, eu digo: sim, é possível, para todos! De todos os cantos do mundo, esta noite, eu gostaria de ouvir a todos nós clamando: sim, é possível, para todos! Ou, melhor ainda, gostaria que cada um de nós, do mais jovem ao mais velho, incluindo os que são chamados a governar as nações, respondesse: sim, nós queremos!

A minha fé Cristã me impele a olhar para a Cruz. Como eu queria que todos os homens e mulheres de boa vontade olhassem para a Cruz apenas por um momento! Nela, podemos ver a resposta de Deus: a violência não é respondida com violência; a morte não é respondida com a linguagem da morte.

— Vigília de Oração pela Paz, 7 de setembro de 2013

Reflexão

À luz do exemplo de Cristo na Cruz, como você pode responder à violência e ao mal que nos rodeia?

11
MAI

Nossa Senhora é quem tudo sabe

Pense nisso: quando somos muito autoconfiantes, estamos mais frágeis — muito mais frágeis. Sempre com o Senhor, com o Senhor! E quando dizemos "com o Senhor" queremos dizer com a Eucaristia, com a Bíblia, com a oração [...], mas também com a família, com a nossa mãe, também com ela, porque ela é a única que nos leva ao Senhor. Ela é a mãe, ela é quem tudo sabe.

— Discurso, Vigília de Pentecostes com os Movimentos Eclesiásticos, 18 de maio de 2013

Reflexão

Dedique algum tempo para refletir em gratidão ao que recebeu de sua mãe e de outras pessoas que cuidaram de você. Como essa perspectiva pode dar-lhe humildade? Como essa humildade pode abri-lo para um maior crescimento com o Senhor?

12
MAI

Nunca se cansem

Eu gostaria de fazer um apelo aos detentores de maiores recursos, às autoridades públicas e a todas as pessoas de boa vontade que trabalham para a justiça social: nunca se cansem de trabalhar por um mundo mais justo, marcado por uma maior solidariedade! Ninguém pode ficar insensível às desigualdades que persistem no mundo! Todo mundo, de acordo com suas oportunidades e responsabilidades específicas, deve ser capaz de fazer uma contribuição pessoal para pôr fim a tantas injustiças sociais.

— Discurso, Dia Mundial da Juventude, 25 de julho de 2013

Reflexão

Que oportunidades e responsabilidades você tem para fazer uma contribuição pessoal a fim de superar as injustiças sociais? O que você pode fazer em sua comunidade e que esteja dentro de suas possibilidades?

13
MAI

Chamados pelo nome

FESTA DE NOSSA SENHORA DE FÁTIMA

Queridos irmãos e irmãs, Deus nos chama, pelo nome e sobrenome, a cada um de nós, para anunciar o Evangelho e promover a cultura do encontro com alegria. A Virgem Maria é o nosso exemplo [...]. Olhe por mim, Mãe, quando eu estiver desorientado, e guie-me pela mão. Que você possa nos estimular a encontrar os nossos muitos irmãos e irmãs que estão à margem, que estão com fome de Deus, mas não têm ninguém que o anuncie.

— HOMILIA, Dia Mundial da Juventude, 27 de julho de 2013

Reflexão

Deus está chamando você pelo seu nome para ser missionário em sua vida cotidiana. Com os dons que Ele lhe deu, para onde Ele o está chamando a anunciar o Evangelho?

14
MAI

Pessoas simples

FESTA DE SÃO MATIAS

Não nos esqueçamos de que os apóstolos eram pessoas simples; eles não eram nem escribas nem doutores da lei, tampouco pertenciam à classe dos sacerdotes. Com as suas limitações e com as autoridades contra eles, como os apóstolos conseguiam espalhar por Jerusalém os seus ensinamentos (cf. Atos 5:28)? É evidente que apenas a presença do Senhor Ressuscitado entre eles e a ação do Espírito Santo podem explicar esse fato.

— DISCURSO *REGINA CAELI*, 14 de abril de 2013

Reflexão

Ao longo de todas as Escrituras e da história da Igreja, o Senhor usa o humilde, o insignificante e o pecaminoso em seus planos. Peça a Deus que o ajude a superar suas limitações e fraquezas para que você possa servi-lo livremente e com confiança.

15
MAI

Ele nunca decepciona ninguém

A Cruz de Cristo contém todo o amor de Deus; nela encontramos sua misericórdia incomensurável. É um amor em que podemos depositar toda a nossa confiança, em que podemos acreditar [...]. Que confiemos em Jesus, que nos entreguemos a Ele (cf. *Lumen Fidei*, n. 16), porque Ele nunca decepciona ninguém! Somente no Cristo crucificado e ressuscitado podemos encontrar a salvação e a redenção.

— Discurso, Dia Mundial da Juventude, Caminho da Cruz, 26 de julho de 2013

Reflexão

Reserve um momento para confiar sua vida a Jesus no fundo do seu coração. Pense nas vezes em que você confia em dinheiro, relacionamentos ou poder, mais do que Nele. Abandone essas tentações pelo Senhor.

16
MAI

Não é um tratamento terminal

[A vida Cristã não é] um tratamento terminal para nos manter em silêncio até a hora de ir para o Céu [...]. A paz Cristã é uma paz rebelde, não uma paz entorpecida [...]. [Ela] nos impele, e esse é o começo, a raiz do zelo apostólico. O amor de Cristo nos possui, impulsiona-nos, impele-nos com a emoção que sentimos quando vemos que Deus nos ama.

— Homilia, Domus Sanctae Marthae, 15 de junho de 2013

Reflexão

Quais emoções você sente quando considera o amor de Deus por você? Que papel as emoções desempenham em animar sua fé e tornar seu testemunho mais proativo? Se você sentir pouco do amor Dele ou estiver sobrecarregado e cansado, peça a Deus para consolá-lo.

17
MAI

Prontidão sem reservas

Somos chamados a nos abrir mais e mais para a ação do Espírito Santo, para oferecer a nossa prontidão sem reservas como instrumentos da misericórdia de Deus, da sua ternura, do seu amor por cada homem e cada mulher e especialmente pelos pobres, pelos marginalizados e por aqueles que estão distantes.

— Discurso, 17 de maio de 2013

Reflexão

O que significa para você abrir-se cada vez mais para a ação do Espírito Santo? Como você pode desenvolver um coração de "total prontidão"? Peça a Jesus para ajudá-lo a entender sua misericórdia e dá-la aos outros.

18
MAI

Confiança na obra de Deus

Não há dificuldades, provações ou mal-entendidos a temer, desde que permaneçamos unidos a Deus como os ramos à videira, desde que não percamos a nossa amizade com Ele, desde que criemos cada vez mais espaço para Ele em nossas vidas. Isso acontece especialmente quando nos sentimos pobres, fracos e pecadores, porque Deus concede força para nossa fraqueza, riqueza para nossa pobreza, conversão e perdão para nossos pecados.

O Senhor é tão rico em misericórdia: toda vez em que vamos com Ele, Ele nos perdoa. Vamos confiar na obra de Deus!

— Homilia, Santa Missa Crismal, 28 de abril de 2013

Reflexão

Pense sobre a última vez em que você enfrentou um julgamento ou dificuldade. O que você pode fazer para unir-se mais a Jesus na próxima vez que isso acontecer?

19
MAI

A cultura do temporário

Ouvi certa vez um seminarista, um bom seminarista, dizer que queria servir a Cristo por dez anos e, em seguida, iria pensar em começar uma vida diferente [...]. Isso é perigoso! Mas ouçam com atenção: estamos todos, mesmo as pessoas mais velhas entre nós, também sob a pressão dessa "cultura do temporário"; e é perigoso porque não se devem fixar estacas na vida de uma vez por todas. Eu fico casado enquanto durar o amor; eu sou uma mulher religiosa, mas apenas "um pouco", "por certo tempo", e depois verei; eu me tornei um seminarista a fim de tornar-me padre, mas não sei como essa história vai acabar.

Não é certo fazer isso com Jesus! Não estou recriminando vocês, mas sim censurando essa cultura do temporário, que atinge a todos nós, uma vez que não nos faz bem: porque é muito difícil hoje em dia tomar uma decisão definitiva.

— Discurso aos Seminaristas e Noviços, 6 de julho de 2013

Reflexão

Onde você vê a "cultura do temporário" no próximo? Onde a vê em si mesmo? De que maneiras específicas essa atitude poderia minar seus compromissos?

20
MAI

Como você vive a Eucaristia?

A Eucaristia é o sacramento da comunhão que nos tira do individualismo para que possamos segui-lo juntos, vivendo a nossa fé Nele. Por isso, todos nós devemos nos perguntar diante do Senhor: como eu vivo a Eucaristia? Eu a vivo anonimamente, ou como um momento de verdadeira comunhão com o Senhor e também com todos os irmãos e irmãs que compartilham esse mesmo banquete?

— Homilia, 30 de maio de 2013

Reflexão

Reserve algum tempo para meditar sobre essas questões do Papa Francisco.

21
MAI

A própria carne de Cristo

Não podemos ser Cristãos engomados, aqueles Cristãos muito educados que falam de assuntos teológicos enquanto calmamente saboreiam o chá. Não! Devemo-nos tornar Cristãos corajosos e ir em busca do povo que é a própria carne de Cristo, daqueles que são a carne de Cristo!

— Discurso, Vigília de Pentecostes com os Movimentos Eclesiásticos, 18 de maio de 2013

Reflexão

Quando foi que você se comportou como um Cristão engomado?
Quando você evitou os outros ou se manteve distante?
Use esta semana para cumprimentar e conversar
com aqueles que você encontrar.

22
MAI

O capitalismo desenfreado

Temos de recuperar todo o sentido do dom, da gratuidade, da solidariedade. O capitalismo desenfreado tem ensinado a lógica do lucro a qualquer custo, do dar para receber, da exploração sem olhar para as pessoas [...] e vemos os resultados na crise que estamos vivenciando!

— Discurso, 21 de maio de 2013

Reflexão

Como você pode amar os outros esta semana sem pedir nada em troca?

23
MAI

Especialmente você e eu

Todo Cristão, e especialmente você e eu, é chamado a ser um portador desta mensagem de esperança que dá serenidade e alegria: a consolação de Deus, sua ternura para com todos. Mas se antes experimentarmos a alegria de sermos consolados por Ele, de sermos amados por Ele, então poderemos levar essa alegria aos outros. Isso é importante se quisermos que nossa missão dê frutos: sentir a consolação de Deus e transmiti-la ao próximo!

— Homilia, 29 de junho de 2013

Reflexão

Você já sentiu a consolação do Senhor? Planeje ir a um retiro para ajudar a encontrar ou renovar a alegria de ser amado por Ele.

24
MAI

Uma chama que cresce cada vez mais forte

Você tem sido capaz de desfrutar da maravilhosa experiência do encontro com Jesus [...]. Mas essa experiência não deve permanecer encerrada em sua vida ou em um pequeno grupo de sua paróquia, seu movimento, ou sua comunidade. Isso seria como reter o oxigênio de uma chama que ardia fortemente. A fé é uma chama que cresce cada vez mais forte quanto mais for compartilhada e passada adiante, para que todos possam conhecer, amar e confessar Jesus Cristo, o Senhor da vida e da história.

— Homilia, Dia Mundial da Juventude, Missa de Encerramento, 28 de julho de 2013

Reflexão

Pense nas vezes em que você compartilhou sua fé com outros. Como a sua fé cresceu nesse processo? Com quem você pode compartilhar sua fé esta semana?

25
MAI

Um novo cântico

As palavras que abrem o salmo que proclamamos são: "Cantai ao Senhor um novo cântico" (Salmo 96:1). O que é esse novo cântico? Não consiste em palavras, não é uma melodia, é a música de sua vida, que permite que nossa vida seja identificada com a de Jesus, que compartilha os sentimentos, os pensamentos e as ações Dele. E a vida de Jesus é uma vida para os outros. É uma vida de servidão.

— Homilia, Dia Mundial da Juventude, Missa de Encerramento, 28 de julho de 2013

Reflexão

Qual é a música da sua vida? Você precisa mudar o seu tom?

26
MAI

A voz Dele aquece o meu coração

Mas Jesus, em certo ponto, disse: "Meu Pai, que as deu a mim [...]" (João 10:29), referindo-se a suas ovelhas. Isso é muito importante; é um mistério profundo, que está longe de ser fácil de entender. Se eu me sinto atraído por Jesus, se sua voz aquece o meu coração, é graças ao Deus Pai, que semeou em mim o desejo de amor, de verdade, de vida, de beleza [...] e Jesus é tudo isso, em plenitude!

— Discurso *Regina Caeli*, 21 de abril de 2013

Reflexão

Lembre-se de sua jornada com o Senhor e da fé que Ele tem semeado dentro de você. Reserve um tempo para agradecer a Deus por sua graça. Pergunte-lhe como você pode usar esses dons para a sua glória.

27
MAI

Viver como um dom

Jesus nos diz algo notável: “Ninguém tem maior amor do que este, de dar a sua vida pelos seus amigos”. O amor sempre toma este caminho: dar a própria vida. Viver a vida como um dom, um presente a ser dado — e não um tesouro a ser guardado. E Jesus viveu dessa maneira, como um dom. E se vivemos a vida como um dom fazemos o que Jesus queria: “Eu vos designei para que vades e deis fruto”.

— Homilia, Domus Sanctae Marthae, 14 de maio de 2013

Reflexão

Como Deus está lhe pedindo a entregar sua vida para os outros hoje?

28
MAI

É Jesus ou o diabo?

É verdade que o diabo, como diz São Paulo, muitas vezes vem vestido como um anjo de luz. Ele gosta de imitar a luz de Jesus. Ele cuida de sua aparência e fala-nos assim, com calma, assim como Jesus falou após o jejum no deserto: Faça este milagre "se tu és o Filho de Deus, e lança-te daqui de cima" do templo! [...] Devemos sempre pedir ao Senhor pela sabedoria do discernimento a fim de reconhecer quando é Jesus que nos está dando a luz e quando é o próprio diabo, disfarçado de um anjo de luz.

Muitos acreditam que vivem na luz, mas estão em trevas e não têm consciência disso! Se formos humildes em nossa luz interior, seremos pessoas gentis, ouviremos a voz de Jesus em nosso coração e olharemos sem medo para a Cruz à luz de Jesus [...]. Devemos sempre fazer esta distinção: onde está Jesus, há sempre a humildade, a docilidade, o amor e a Cruz.

— Homilia, Domus Sanctae Marthae, 3 de setembro de 2013

Reflexão

Que decisões você tem tomado ultimamente?
Onde você procura ajuda ao tomar decisões?
Examine suas escolhas à luz dos critérios do Papa Francisco a respeito da humildade, da docilidade, do amor e da Cruz.

29
MAI

Um guia amarrado

A Ascensão de Jesus aos céus familiariza-nos com esta realidade profundamente consoladora em nossa jornada: em Cristo, verdadeiro Deus e verdadeiro homem, a nossa humanidade foi levada a Deus. Cristo abriu o caminho para nós. Ele é como um guia amarrado escalando uma montanha que, ao chegar ao cume, puxa-nos até Ele e nos leva a Deus. Se confiamos nossa vida a Ele, se nos deixamos guiar por Ele, temos a certeza de estar em boas mãos, nas mãos de nosso Salvador, de nosso Advogado.

— Audiência Geral, 17 de abril de 2013

Reflexão

De que forma Jesus está chamando você a seguir o seu caminho e o seu exemplo? Que dificuldades você encontrou? Que pessoas podem ajudá-lo ao longo do caminho?

30
MAI

Pessoas que foram erguidas dos mortos

Queridos irmãos e irmãs, vamos apontar o Cristo Ressuscitado aos que nos pedem para dar conta da esperança que existe em nós (cf. I Pedro, 3:15). Vamos apontá-lo com a proclamação da Palavra, mas acima de tudo com as nossas vidas como pessoas que foram erguidas. Vamos mostrar a alegria de ser filhos de Deus, a liberdade que a vida em Cristo nos dá, a verdadeira liberdade, a liberdade que nos salva da escravidão do mal, do pecado e da morte!

— Audiência Geral, 10 de abril de 2013

Reflexão

Pense em certas épocas em que Jesus o libertou do mal e do pecado. Como você pode continuar a desfrutar a liberdade em sua vida esta semana?

31
MAI

Ela não esperou

FESTA DA VISITAÇÃO DA VIRGEM MARIA

Nossa Senhora, assim que ouviu a notícia de que seria a Mãe de Jesus e o anúncio de que Isabel estava esperando um filho — diz o Evangelho —, não esperou, foi rapidamente até a prima. Ela não disse: "Mas agora estou esperando uma criança, devo cuidar da minha saúde. Minha prima deve ter amigos que podem cuidar dela" [...]. E Nossa Senhora é sempre assim. Ela é Nossa Mãe, que sempre se apressa em vir até nós todas as vezes que estamos em necessidade.

— HOMILIA, 26 de maio de 2013

Reflexão

Ore a Maria quando estiver precisando. Aprenda a confiar em sua intercessão. Ela virá em seu auxílio "às pressas"!

Janeiro

Fevereiro

Março

Abril

Maio

Junho

Julho

Agosto

Setembro

Outubro

Novembro

Dezembro

1
JUN

Perto de cada um de nós

Queridos irmãos e irmãs, a Ascensão não aponta para a ausência de Jesus, mas nos diz que Ele está vivo no meio de nós de uma maneira nova. Ele não está mais em um lugar específico no mundo, como estava antes da Ascensão. Ele está agora no domínio de Deus, presente em cada espaço e tempo, perto de cada um de nós. Em nossa vida, nunca estamos sozinhos: temos esse Advogado que nos aguarda.

— Audiência Geral, 17 de abril de 2013

Reflexão

Quais são as maneiras de lembrarmos que Jesus está no meio de nós a cada dia? Como a lembrança de sua presença pode mudar sua atitude, suas decisões e suas ações?

2
JUN

O Sagrado Coração de Jesus

O mês de junho é tradicionalmente dedicado ao Sagrado Coração de Jesus, a maior expressão humana do amor divino. Na verdade, na última sexta-feira, celebramos a Solenidade do Sagrado Coração de Jesus, e essa festa dá o tom do mês todo. A religiosidade popular valoriza símbolos, e o Coração de Jesus é o símbolo máximo da misericórdia de Deus. Mas não é um símbolo imaginário; é um símbolo real que representa o centro, a fonte de onde fluiu a salvação para toda a humanidade.

— Discurso Angelus, 9 de junho de 2013

Reflexão

Medite sobre o significado do Sagrado Coração de Jesus, um coração cheio de amor e misericórdia. Peça a Deus para transformar o seu coração de acordo com o Dele.

3
JUN

Procure um advogado

Quando alguém é convocado pelo juiz ou está envolvido em processos judiciais, a primeira medida que toma é procurar um advogado para defendê-lo. Nós temos Aquele que sempre nos defende, que nos defende das armadilhas do diabo, que nos defende de nós mesmos e dos nossos pecados!

— Audiência Geral, 17 de abril de 2013

Reflexão

Deus estará sempre ao seu lado quando você cair.
Peça-lhe ajuda e encontre-o no sacramento da Penitência.

4
JUN

Não fique doente

Nesta época de crise, não podemos nos preocupar apenas com nós mesmos, recolhendo-nos à solidão, ao desânimo e a uma sensação de impotência diante dos problemas. Por favor, não recolham-se a si mesmos! Isso é um perigo: nós nos fechamos na paróquia, com nossos amigos, dentro do movimento, com os quem pensam como nós [...], mas você sabe o que acontece? Quando a Igreja se torna fechada, ela se torna uma igreja doente, ela adoece!

[...] A Igreja deve sair de si mesma. E ir para onde? Para as margens da existência, sejam elas quais forem, mas ela deve sair.

— Discurso, Vigília de Pentecostes com os Movimentos Eclesiásticos, 18 de maio de 2013

Reflexão

Como você pode ajudar a nossa Igreja a sair de si mesma? O que isso significa em sua vida cotidiana? Se você decidir sair da sua zona de conforto, poderá abordar outros nas margens da existência sem julgá-los?

5
JUN

Um pouco de misericórdia

Um pouco de misericórdia torna o mundo menos frio e mais justo. Precisamos entender corretamente essa misericórdia de Deus, esse Pai misericordioso que é tão paciente.

— Discurso Angelus, 17 de março de 2013

Reflexão

Reflita sobre a forma como Deus tem sido paciente com você. Com quem você precisa ser paciente?

6
JUN

Escândalo é notícia

Há outro ponto importante: encontrar os pobres. Se damos um passo para fora de nós mesmos, encontramos a pobreza. Hoje — meu coração adoece ao dizer isso —, a descoberta de um mendigo que morreu de frio não é notícia. Hoje, o que conta como notícia é, talvez, algum escândalo. Um escândalo: ah, isso é notícia! Hoje, a ideia de que um grande número de crianças não tem o que comer não é notícia. Isso é sério; isso é sério! Nós não podemos tolerar isso! No entanto, é assim que as coisas são.

— Discurso, Vigília de Pentecostes com os Movimentos Eclesiásticos, 18 de maio de 2013

Reflexão

Atender às necessidades dos pobres ocupa qual posição em suas prioridades? Como você pode priorizar o que realmente importa? Peça a Deus para ajudá-lo a superar todos os receios que você possa ter em relação a servir aos necessitados.

7
JUN

Não seja um fariseu

Ele vem a nós quando reconhecemos que somos pecadores. Mas se somos como o fariseu, que diante do altar dizia: "Eu lhe agradeço, Senhor, por não ser como os outros homens e, especialmente, não como aquele que está à porta, como aquele cobrador de impostos" (cf. Lucas 18:11-12), então não conhecemos o coração do Senhor e nunca teremos a alegria de viver essa misericórdia!

— Homilia, 17 de março de 2013

Reflexão

Não esqueçamos o maior dom de Deus: a sua misericórdia. Peça a Deus para ajudá-lo a desenvolver uma gratidão profunda pela sua misericórdia e diminuir seu orgulho.

8
JUN

Muros

Perguntemo-nos hoje: estamos abertos às "surpresas de Deus"? Ou será que estamos fechados e com medo diante da novidade do Espírito Santo? Será que temos a coragem de avançar pelos novos caminhos que a novidade de Deus coloca diante de nós, ou resistimos, barricados em estruturas transitórias que perderam sua capacidade de abertura ao que é novo? Agiríamos bem se nos fizéssemos essas perguntas ao longo de todo o dia.

— Homilia, Missa de Domingo de Pentecostes com os Movimentos Eclesiásticos, 19 de maio de 2013

Reflexão

Antes do Pentecostes, os apóstolos trancaram-se no Cenáculo. Mas quando receberam o Espírito Santo eles foram impelidos a sair e difundir o Evangelho. Que obstáculos o impedem de ouvir o Espírito Santo e compartilhar a boa-nova?

9
JUN

Velas

Os teólogos mais antigos costumavam dizer que a alma é uma espécie de veleiro, o Espírito Santo é o vento que enche suas velas e leva-o para a frente, enquanto as rajadas de vento são os dons do Espírito. Sem seu impulso e sua graça, nós não vamos para a frente.

— Homilia, Missa de Domingo de Pentecostes com os Movimentos Eclesiásticos, 19 de maio de 2013

Reflexão

Suas velas estão abertas? Em que direção segue o seu barco? Reserve tempo para reorientar a sua vida e pedir a Deus a graça de chegar aonde Ele quer que você vá.

10
JUN

Sejam missionários da misericórdia de Deus

Cada indivíduo Cristão e cada comunidade são missionários na medida em que [...] vivem o Evangelho e testemunham o amor de Deus para com todos, especialmente aqueles em dificuldades. Sejam missionários do amor e da ternura de Deus! Sejam missionários da misericórdia de Deus, que sempre nos perdoa, sempre nos espera e nos ama muito.

— Homilia, 5 de maio de 2013

Reflexão

Você é chamado a ser um missionário para certas pessoas em sua vida cotidiana? Como você pode amá-las de modo que elas experimentem o Evangelho como boa-nova dirigida a elas?

11
JUN

Dificuldades

É preciso coragem para começar a seguir a Jesus Cristo. E essa coragem vem de Deus. Quando você sofre abuso ou insulto, precisa de paciência para suportar todas as dificuldades do dia a dia, todas as dificuldades de pregar o Evangelho.

Você precisa do vigor apostólico de resistir a todas as dificuldades sofridas por aqueles a quem o próprio Paulo descreve como inimigos da Cruz de Cristo — aquelas pessoas que gostam de sentir-se lisonjeadas e apreciam quando lhes é dito o que gostam de ouvir; aquelas pessoas que querem ouvir aquilo que esperam que diga o Evangelho, e não aquilo que o Evangelho realmente diz. Por essa razão, Paulo diz: "Nós nunca usamos palavras de adulação" (I Tessalonicenses 2:5).

— *Só o amor nos salvará*, Homilia, 4 de agosto de 2006

Reflexão

Você já ouviu o ditado: "Não diga a Deus quão grande é a sua tempestade; diga à tempestade quão grande é o seu Deus"? O Senhor — que é maior do que qualquer coisa que você enfrente — vai lhe dar a coragem e a resistência para lidar com seus desafios e para pregar o Evangelho. Peça a Ele ajuda, agora e ao longo do dia.

12
JUN

Encontro

Neste "sair", é importante estar preparado para o encontro. Para mim, essa palavra é muito importante. Encontro com os outros. Por quê? Porque a fé é um encontro com Jesus, e devemos fazer o que Jesus faz: encontrar os outros [...]. Devemos criar uma "cultura do encontro", uma cultura de amizade, uma cultura em que encontremos irmãos e irmãs, em que também possamos falar com aqueles que pensam de forma diferente, assim como aqueles que professam outras crenças, que não têm a mesma fé.

— Discurso, Vigília de Pentecostes com os Movimentos Eclesiásticos, 18 de maio de 2013

Reflexão

Como você pode ir com calma para realmente encontrar os outros e saber mais sobre suas vidas, suas famílias, suas atividades e suas lutas? Encontre duas oportunidades esta semana para verdadeiramente encontrar os outros.

13
JUN

Atraente e persuasiva

A verdade Cristã é atraente e persuasiva, pois atende à necessidade profunda da vida humana, anunciando de forma convincente que Cristo é o único Salvador do homem como um todo e de todos os homens. Essa proclamação continua tão válida hoje como era na origem do Cristianismo.

— Discurso, 15 de março de 2013

Reflexão

Você está convencido da necessidade dos humanos por Jesus Cristo? Não subestime o quanto as pessoas precisam de Cristo em suas vidas. Fomos todos feitos para Ele.

14
JUN

Não é um Deus "vapor"

Vamos reconhecer que Deus não é algo vago, o nosso Deus não é um Deus "vapor", Ele é tangível; Ele não é abstrato, mas tem um nome: "Deus é amor". Não se trata de um tipo de amor sentimental, emocional, mas do amor do Pai que é a origem de toda a vida, do amor do Filho que morre na Cruz e é ressuscitado, do amor do Espírito que renova os seres humanos e o mundo.

— Discurso Angelus, 26 de maio de 2013

Reflexão

Você quer que Deus seja mais real para você? Conheça-o na Eucaristia, na qual Ele está presente para você, e medite sobre a Cruz, em que Ele dá um sinal definitivo de amor por você.

15
JUN

Caminhar conosco

A Santíssima Trindade não é o produto do raciocínio humano, mas o rosto com o qual Deus na verdade se revelou, não do alto de um trono, mas caminhando com a humanidade. É o próprio Jesus que nos revelou o Pai e nos prometeu o Espírito Santo.

Deus caminhou com seu povo na história do Povo de Israel, e Jesus sempre caminhou conosco, prometendo-nos o Espírito Santo, que é chama, que nos ensina tudo o que não sabemos e nos guia de dentro de nós, dá-nos boas ideias e boas inspirações.

— Discurso Angelus, 26 de maio de 2013

Reflexão

Nossos pais terrenos muitas vezes caminharam conosco pela vida. Nosso Pai celestial continua a caminhar ao nosso lado aqui na Terra. Reserve tempo para uma conversa com o Pai celestial. Peça-lhe que o guie e o inspire.

16
JUN

Bolhas de sabão

A cultura do conforto, que nos faz pensar apenas em nós mesmos, torna-nos insensíveis aos clamores de outras pessoas, faz-nos viver em bolhas de sabão que, embora adoráveis, são inconsistentes; elas oferecem uma ilusão fugaz e vazia que resulta na indiferença para com o próximo; na verdade, ela leva mesmo à globalização da indiferença. Neste mundo globalizado, caímos na indiferença globalizada.

— Homilia, 8 de julho de 2013

Reflexão

Quais maneiras práticas e específicas você pode utilizar para ser mais sensível às necessidades das pessoas ao seu redor? Decida agora começar a praticar essa nova sensibilidade, não importando quanto custe para o seu próprio conforto.

17
JUN

Esquerda ou direita?

Por fim, uma palavra sobre a passagem do Juízo Final em que é descrita a Segunda Vinda do Senhor, quando Ele julgará todos os seres humanos, os vivos e os mortos (cf. Mateus 25:31-46). A imagem usada pelo Evangelista é a do pastor que separa as ovelhas dos cabritos. À sua direita, ele coloca aqueles que tenham agido segundo a vontade de Deus, que intercedeu por seu vizinho faminto, sedento, estrangeiro, nu, doente ou preso [...]. Já à sua esquerda, estão aqueles que não ajudaram o próximo. Isso nos diz que Deus nos julgará em nosso amor, em como nós amamos aos nossos irmãos, especialmente os mais fracos e os mais necessitados.

— Audiência Geral, 24 de abril de 2013

Reflexão

Imagine-se em pé diante do trono de Deus, no final de sua vida. Você estaria do lado direito ou do lado esquerdo Dele? Confie na misericórdia e na graça de Deus para ter uma vida dedicada a amar a Ele e aos outros.

18
JUN

Mortifique nosso egoísmo

Esta é uma lição para cada um de nós, mas também para a Igreja do nosso tempo: se nos deixarmos conduzir pelo Espírito Santo, se formos capazes de mortificar o nosso egoísmo para dar espaço para o amor e a vontade do Senhor, encontraremos a paz, seremos construtores e semeadores da paz ao nosso redor.

— Discurso, 3 de junho de 2013

Reflexão

Como você pode "mortificar o seu egoísmo"? Escolha algo de que desistir ou estabeleça esse objetivo esta semana.

19
JUN

Controle remoto

Jesus não quer Cristãos egoístas que sigam o seu próprio ego, que não falem com Deus. Ele também não quer Cristãos fracos, Cristãos sem vontade própria, Cristãos do tipo "controle remoto", incapazes de ter criatividade, que sempre procuram se conectar com a vontade de outra pessoa e não são livres. Jesus quer nos libertar.

— Discurso Angelus, 30 de junho de 2013

Reflexão

Como você pode fortalecer a sua vida de oração, de modo que confie mais em Deus e menos nos caprichos de seu próprio ego? Se às vezes você é um Cristão do tipo "controle remoto", pergunte-se: por quê? O que aconteceria se você se permitisse experimentar a criatividade e a liberdade para as quais foi criado?

20
JUN

O que é a magnanimidade?

Magnanimidade: essa virtude do grande e do pequeno [...] O que é ser magnânimo? É ter um grande coração, ter grandeza de espírito; significa ter ótimos ideais, o desejo de fazer grandes coisas para atender ao que Deus pede de nós.

Também, e por isso mesmo, o desejo de cumprir bem a rotina de todos os dias e todas as ações, tarefas e reuniões com as pessoas; fazer as pequenas coisas cotidianas com um grande coração aberto para Deus e para os outros. É, portanto, importante cultivar a formação humana com uma visão de magnanimidade.

— Discurso para Alunos das Escolas Jesuítas da Itália e da Albânia, 6 de junho de 2013

Reflexão

A maioria de nós quer ter um grande coração cheio de entusiasmo pela vida, mas logo a realidade se impõe. Se você está em queda, peça a Deus para ajudá-lo a encontrar seu rumo. Comece praticando hoje a generosidade de espírito nos menores detalhes de sua rotina.

21
JUN

Devem ser livres

Em nossas orações diárias, peçamos a Jesus: "Senhor, olhe para este irmão, olhe para esta irmã que está sofrendo tanto, sofrendo atrozmente!" Eles experimentam o limite, o próprio limite entre a vida e a morte. E há consequências para nós: essa experiência deve nos estimular a promover a liberdade religiosa para todos! Todo homem e toda mulher devem ser livres ao professar sua religião, seja ela qual for. Por quê? Porque esse homem e essa mulher são filhos de Deus.

— Discurso, Vigília de Pentecostes com os Movimentos Eclesiásticos, 18 de maio de 2013

Reflexão

Em suas preces diárias, ore por aqueles que são proibidos de praticar livremente sua fé. Ore pelos Cristãos perseguidos em todo o mundo e pelas pessoas de todas as crenças.

22
JUN

Pequenos mártires

FESTA DOS SANTOS JOHN FISHER E THOMAS MORE

Para anunciar o Evangelho, duas virtudes são essenciais: coragem e paciência [aceitação do sofrimento]. Eles [os Cristãos que estão sofrendo] estão na Igreja da "paciência". Eles sofrem, e há mais mártires hoje do que havia nos primeiros séculos da Igreja. Mais mártires! Nossos próprios irmãos e irmãs. Eles estão sofrendo! Carregam a sua fé até o martírio. No entanto, o martírio nunca é uma derrota; ele é o mais alto grau do testemunho que devemos dar. Estamos no caminho para o martírio, como pequenos mártires: desistindo disso, fazendo aquilo [...], mas estamos no caminho.

— DISCURSO, Vigília de Pentecostes com os Movimentos Eclesiásticos, 18 de maio de 2013

Reflexão

O que você pode aprender com os mártires, especialmente os do século XXI? Que pequenos martírios você pode sofrer em sua vida diária?

23
JUN

À espera de você

Dizemos que devemos buscar a Deus, ir até Ele e pedir perdão, e quando vamos, Ele está à nossa espera, Ele chegou primeiro! Em espanhol, temos uma palavra que traduz isso muito bem: *primerear* — o Senhor sempre chega antes de nós, Ele chega primeiro, Ele já está esperando por nós!

— Discurso, Vigília de Pentecostes com os Movimentos Eclesiásticos, 18 de maio de 2013

Reflexão

Todos nós já tivemos situações em que sabíamos que Deus esperava que fizéssemos algo. Ele foi à frente de nós e preparou um caminho e um curso de ação. Será que Ele quer que você alcance alguém? Será que Ele quer que você passe mais tempo em oração? Onde Deus está esperando por você?

24
JUN

Dar sua vida pela verdade

A NATIVIDADE DE SÃO JOÃO BATISTA

Um dos que deram a vida pela verdade foi João Batista [...]; 24 de junho é a sua grande festa, a solenidade de seu nascimento [...]. Ele morreu por causa da verdade, quando denunciou o adultério do rei Herodes e de Herodíades. Como tantas pessoas pagam caro por seu compromisso com a verdade! Os justos não têm medo de nadar contra a corrente! Quantos homens justos preferem nadar contra a corrente, de modo a não negar a voz da consciência, a voz da verdade! E nós não devemos ter medo!

— DISCURSO ANGELUS, 23 de junho de 2013

Reflexão

É difícil defender a verdade em nossa cultura hoje. Como você pode defender a verdade em suas decisões no trabalho e na sua família?

25
JUN

Escutar a sua palavra

Outra boa maneira de crescer na amizade com Cristo é ouvindo a sua palavra. O Senhor nos fala nas profundezas de nossa consciência, por meio das Sagradas Escrituras; Ele nos fala em oração. Aprendam a ficar diante Dele em silêncio para ler a Bíblia e meditar, especialmente nos Evangelhos, para conversar com Ele todos os dias a fim de sentir a sua presença de amizade e amor.

— Mensagem, 21 de junho de 2013

Reflexão

Nós sempre queremos ouvir a voz de Jesus à medida que avançamos na vida, e Deus nos deu sua palavra na Bíblia para que possamos ouvi-lo. Um bom lugar para começar é pela leitura do Evangelho de São João. Utilize esse Evangelho como ponto de partida para conversar com Ele.

26
JUN

Não escolhidos para pequenas coisas

Comprometam-se com grandes ideais, com as coisas mais importantes. Nós, Cristãos, não fomos escolhidos pelo Senhor para pequenas coisas; sigam em direção aos princípios mais elevados.

— Homilia, Santa Missa com o Rito da Confirmação, 28 de abril de 2013

Reflexão

Que princípios você segue? Para onde Deus o move adiante?

27
JUN

Uma Igreja com portas abertas

Somos capazes de transmitir o rosto de uma Igreja que é "lar" para todos? Nós às vezes falamos de uma Igreja que tem suas portas fechadas, mas aqui estamos contemplando muito mais do que uma Igreja com as portas abertas, muito mais! Precisamos, juntos, construir esse "lar", construir essa Igreja, fazer esse "lar". Uma Igreja com portas fechadas ou portas abertas; a tarefa é seguir em frente e ajudar a construir a Igreja.

O desafio é redescobrir, pelos meios de comunicação social, bem como pelo contato pessoal, a beleza que está no centro da nossa existência e da nossa jornada, a beleza da fé e a beleza do encontro com Cristo.

— Discurso, 21 de setembro de 2013

Reflexão

O que significa compartilhar a beleza e a verdade da fé de uma Igreja com as portas abertas? Como Deus o chama a fazer com que sua paróquia local se pareça mais com uma casa?

28
JUN

Cristãos adormecidos

O que Ele pede a nós é que estejamos prontos para o encontro — prontos para um encontro, para um belo encontro, o encontro com Jesus, o que significa sermos capazes de enxergar os sinais da sua presença, manter viva a nossa fé com a oração, com os sacramentos, tomando cuidado para não cair no sono, para não esquecer a Deus. A vida dos Cristãos adormecidos é uma vida triste, não é uma vida feliz. Os Cristãos devem ficar felizes, com a alegria de Jesus. Não vamos cair no sono!

— Audiência Geral, 24 de abril de 2013

Reflexão

Em que área de sua vida de fé você adormeceu? Como você pode ficar mais atento ao que Deus está tentando lhe mostrar?

Dois testemunhos gloriosos

FESTA DE SÃO PEDRO E SÃO PAULO

Queridos irmãos e irmãs, que alegria é acreditar em um Deus que é todo amor, todo graça! Essa é a fé que Pedro e Paulo receberam de Cristo e passaram para a Igreja. Louvemos ao Senhor por esses dois testemunhos gloriosos e, como eles, vamo-nos deixar conquistar por Cristo, pela misericórdia de Cristo.

— DISCURSO ANGELUS, 23 de junho de 2013

Reflexão

Tanto São Pedro como São Paulo viraram as costas para o nosso Senhor. Pedro negou Jesus três vezes, e Paulo prendeu e assassinou Cristãos. No entanto, cada um encontrou a misericórdia do Senhor, pediu perdão e depois seguiu nosso Senhor. Com a vida de quem você se identifica mais, a de São Pedro ou a de São Paulo? Como Deus o chama a segui-los como eles seguiram Jesus?

30
JUN

Cristãos rígidos

Os Cristãos rígidos pensam que para ser Cristão é necessário usar luto e [sempre] levar tudo a sério [...]. Eles são muito numerosos. Eles não são Cristãos. Eles se disfarçam como Cristãos. [Eles] não conhecem a Jesus, não sabem quem é o Senhor, não sabem o que é o *rock*, não têm nada da liberdade dos Cristãos [...]. Em sua vida, não há espaço para o Espírito Santo.

— Homilia, Domus Sanctae Marthae, 27 de junho de 2013

Reflexão

Você sente falta de alegria? Você sente falta de liberdade? Você é um Cristão rígido? Incorpore o Espírito Santo e você vai se ver abrindo-se para novas oportunidades. Não se apoiar em nós mesmos nos dá liberdade. Confiar no Senhor nos dá alegria.

Janeiro

Fevereiro

Março

Abril

Maio

Junho

Julho

Agosto

Setembro

Outubro

Novembro

Dezembro

1
JUL

Vocês não são Cristãos

Todos nós temos inimigos — todos nós. Alguns são inimigos fracos, outros são fortes. Então, muitas vezes, nós também nos tornamos os inimigos de outros; nós não os amamos. Jesus nos diz que devemos amar nossos inimigos [...]. Achamos que Jesus está pedindo muito de nós. Nós pensamos: "Vamos deixar isso para as irmãs de clausura que são santas, para algumas almas santas!" [Mas] Jesus diz que vocês devem fazer isso; caso contrário, vocês são como os cobradores de impostos, como os pagãos, e não são Cristãos [...].

— Homilia, Domus Sanctae Marthae, 18 de junho de 2013

Reflexão

Quem são seus inimigos? Você ora por eles?
Você os perdoa? Você os ama?

2
JUL

Ele se rebaixou

Jesus Cristo não nos salvou com uma ideia, ou um programa intelectual. Ele nos salvou com a sua carne, com a concretude da carne. Ele se rebaixou, tornou-se homem e fez-se carne até o fim.

— Homilia, Domus Sanctae Marthae, 14 de junho de 2013

Reflexão

Seria mais fácil seguir o Cristianismo como um programa intelectual sem exigências do que seguir o caminho estreito da fé. Como você pode vivenciar o modelo de Jesus de humildade, sendo humilde para o bem dos outros?

3
JUL

Não acredite

Festa de São Tomé Apóstolo

Tomé não acreditou quando os outros apóstolos disseram-lhe: "Vimos o Senhor". Não foi suficiente para ele que Jesus tivesse dito isso e prometido: "No terceiro dia eu levantarei". Ele quis ver, ele quis colocar a mão nas chagas de Jesus. E como é que Jesus reage? Com paciência: Jesus não abandona Tomé em sua obstinada incredulidade; Ele lhe dá o tempo de uma semana, Ele não fecha a porta, Ele espera.

— Homilia, Domingo da Divina Misericórdia, 7 de abril de 2013

Reflexão

De que forma você às vezes age como Tomé?
Como você acha que o Senhor reage a você?

4
JUL

O verdadeiro significado da liberdade

O dia da independência

Mas o que significa a liberdade? Certamente ela não está em fazer o que se quer, permitindo-se ser dominado pelas paixões, ou passar de uma experiência para outra sem discernimento, seguindo as modas do dia. Liberdade não significa, por assim dizer, jogar tudo o que você não gosta pela janela. Não, isso não é liberdade! A liberdade é dada a nós para que possamos saber como tomar boas decisões na vida!

— Discurso, 4 de maio de 2013

Reflexão

A liberdade não é a liberdade *de* alguma coisa, mas *para* alguma coisa. Você é livre para escolher o que é bom para a sua vida? Você é livre para dedicar sua vida ao Senhor em vez de dedicá-la a si mesmo? O que limita a sua liberdade?

5
JUL

Não, este dinheiro é meu

Mas quando tive de vir para Roma [...] muitas vezes visitei a igreja francesa de São Luís, e eu fui lá para contemplar a pintura *O Chamado de São Mateus*, de Caravaggio [...]. Esse dedo de Jesus, apontando para Mateus... Sou eu. Eu me sinto como Ele. Como Mateus [...]. É o gesto de Mateus que me impressiona: ele se apega ao seu dinheiro, como se dissesse: "Não, eu não! Não, este dinheiro é meu". Aqui, este sou eu, um pecador para quem o Senhor voltou seu olhar. E é isso que eu disse quando me perguntaram se eu aceitaria a minha eleição como pontífice [...]. Sou um pecador, mas confio na infinita misericórdia e paciência de nosso Senhor Jesus Cristo, e aceito em espírito de penitência.

— Entrevista com o Papa Francisco, revista *America*,
30 de setembro de 2013

Reflexão

O que Cristo o chamou a fazer? Será que a experiência de ser um pecador ajuda você a ter humildade e confiança no Senhor para essa tarefa?

6 JUL

Um servo de todos

Em nossa Segunda Leitura de hoje, São Paulo diz: "Eu me fiz servo de todos, para que possa conquistar mais" (I Coríntios 9:19). A fim de proclamar Jesus, Paulo fez-se "servo de todos". Evangelizar significa dar um testemunho pessoal do amor de Deus; é superar nosso egoísmo; é servir agachando-se para lavar os pés dos nossos irmãos, como fez Jesus.

— Homilia, Dia Mundial da Juventude, Missa de Encerramento, 28 de julho de 2013

Reflexão

O que especificamente significa para você tornar-se "um servo" para os outros a fim de conquistá-los para Jesus? Como Deus lhe pede para ser altruísta a fim de alcançar os outros?

7
JUL

Sabemos que algo está faltando

Em meio a [...] uma cultura pagã muito agressiva [...], nossos corações recuam porque nos sentimos impotentes. Nós adotamos uma atitude minimalista apenas tentando sobreviver, enquanto tentamos preservar a nossa fé. No entanto, não somos estúpidos; sabemos que algo está faltando [...]. Será que devemos tentar fazer tudo por nós mesmos, perdendo, assim, o nosso foco e sentindo-nos responsáveis por todas as soluções? Sabemos que não podemos fazê-lo sozinhos.

Aqui está a pergunta: será que damos tempo e espaço ao nosso Senhor ao longo do dia para que Ele possa realizar o seu trabalho, ou estamos tão ocupados fazendo tudo por nós mesmos, que nem o deixamos entrar?

— *Só o amor nos salvará*, Carta aos Sacerdotes e Religiosos, 29 de julho de 2007

Reflexão

Reserve tempo para meditar sobre essas questões para as quais o Santo Padre nos alerta.

8
JUL

Oportunismo

Quando um sacerdote toma o caminho da vaidade, ele entra no espírito do oportunismo e faz grande mal à Igreja [...]. Ele se gaba; gosta de ser visto como grande e poderoso. Mas as pessoas não gostam disso! Vocês veem quais são as nossas dificuldades e as nossas tentações; portanto, devem orar para que sejamos humildes, gentis e a serviço do povo.

— Homilia, Domus Sanctae Marthae, 15 de maio de 2013

Reflexão

Ore pelos seus sacerdotes, diáconos, religiosos e seminaristas esta semana, fazendo jejum de algo de que você gosta.

9
JUL

Saia lá fora

Mas eu quero que vocês se façam ser ouvidos em suas dioceses, quero que o barulho saia lá fora, quero que a Igreja vá para as ruas, quero que resistamos a tudo o que é mundano, estático, confortável, tudo o que tem a ver com o clericalismo, tudo o que pode fazer com que nos fechemos em nós mesmos. As paróquias, as escolas, as instituições são feitas para sair lá fora.

— Discurso, Dia Mundial da Juventude, 25 de julho de 2013

Reflexão

Você está fazendo barulho? O que está fazendo para resistir ao que é confortável em sua vida? Que passos está tomando para não se fechar em si mesmo?

10
JUL

O pecado cria as manchetes

Na mídia, a santidade não é notícia; a indignação e o pecado criam as manchetes. Como essa luta pode ser justa? Quem pode lutar contra isso? Alguns de nós possivelmente sonham poder lutar com meios meramente humanos [...]? Tenham cuidado [...]. A nossa luta não é contra os poderes humanos, mas contra os poderes das trevas (ver Efésios 6:12). Assim como aconteceu com Jesus (ver Mateus 4:1-11), Satanás está tentando nos seduzir para nos desorientar, para nos oferecer "alternativas viáveis" [...]. Precisamos encontrar refúgio no poder da Palavra de Deus, como Jesus fez no deserto.

Precisamos recorrer à mendicância em oração: [...] a oração do humilde e pobre sem recursos. O humilde não tem nada a perder. De fato, Deus revela-lhe o caminho (ver Mateus 11:25-26) [...]. Não podemos simplesmente relaxar em nossa complacência [...]. Este é o momento para a oração.

— *Só o amor nos salvará*, Carta aos Sacerdotes e Religiosos, 29 de julho de 2007

Reflexão

Você acredita realmente que Satanás está tentando seduzi-lo e desorientá-lo? Se esse for o caso, como você está lutando nessa batalha? Ore para ter força para resistir à tentação, e espalhe o amor de Deus entre os demais.

11
JUL

Como Cristo compreendia

O Espírito Santo nos ensina a ver com os olhos de Cristo, viver a vida como Cristo viveu, compreendê-la como Cristo a compreendia. É por isso que a água viva, que é o Espírito Santo, sacia a nossa vida; é por isso que ele nos diz que somos amados por Deus como filhos, que podemos amar a Deus como seus filhos e, por sua graça, podemos viver como filhos de Deus, a exemplo de Jesus.

— Audiência Geral, 8 de maio de 2013

Reflexão

Quando Jesus olha para a sua vida, como você acha que Ele vê suas lutas e suas esperanças? Ele quer que você veja com os olhos Dele, por isso, peça-lhe que o oriente para que você possa fortalecer o bem, corrigir o fraco e trabalhar para conformar a sua vida ao Evangelho.

12
JUL

Não no abstrato

Deus coloca ao nosso lado pessoas que nos ajudam em nossa jornada de fé. Nós não achamos a nossa fé no abstrato, não! É sempre um pregador que nos diz quem é Jesus, que nos transmite a fé e nos dá o primeiro anúncio.

— Discurso, Vigília de Pentecostes com os Movimentos Eclesiásticos, 18 de maio de 2013

Reflexão

Que pessoas incentivam-no em seus esforços para ir mais fundo em sua caminhada com Deus? Encontre tempo para estar com elas este mês.

13
JUL

Cultura do caminhão de lixo

Como as consciências tornam-se facilmente insensíveis quando não há amor! Essa dormência é um indicativo de uma narcose do espírito e da vida. Nós entregamos nossas vidas e, muito pior, a vida de nossas crianças e nossos jovens a soluções mágicas e destrutivas tais como drogas [...], jogos de azar, entretenimentos triviais e preocupação excessiva com o nosso corpo, beirando a um fetiche, tudo isso entrincheirado em nosso narcisismo e em nossa mentalidade consumista.

E quanto aos nossos idosos, que são apenas itens descartáveis de acordo com essa mentalidade consumista narcisista, nós simplesmente os jogamos em um caminhão de lixo existencial. Como resultado, essa falta de amor cria uma "cultura do caminhão de lixo". Se não funciona, jogamos fora.

— *Só o amor nos salvará*, Homilia, 25 de maio de 2012

Reflexão

Onde há desprezo e egoísmo,
como você pode semear dignidade e amor?

Insulte antes, converse depois

O que costumamos ouvir hoje em dia — você só precisa ligar o rádio ou assistir à televisão para ouvir — é o condenar antes e conversar depois. Insulte primeiro; depois conversamos sobre isso. Uma atitude que diz: "Aquele que bate primeiro bate duas vezes". Mas essa não é a lógica do amor [...]. Estabelecer o amor é uma habilidosa obra de artesanato, o trabalho de pessoas pacientes, pessoas que fazem o possível para persuadir, para ouvir, para unir a todos.

— *Só o amor nos salvará*, Homilia, 6 de setembro de 2008

Reflexão

É fácil julgar os outros. Como podemos construir hábitos de paciência e perdão? Quem em sua vida mais necessita dessa "lógica do amor" agora?

15
JUL

Novas estradas

As técnicas da evangelização são importantes, é claro, mas mesmo as mais perfeitas não poderiam substituir a ação discreta dAquele que é o agente principal da evangelização: o Espírito Santo (cf. *Evangelii Nuntiandi*, n. 75). Devemo-nos deixar guiar por ele, mesmo que ele nos leve a novas estradas. Devemos permitir que ele nos transforme, de modo que, em nossa proclamação, as nossas palavras sejam sempre acompanhadas por uma vida simples, um espírito de oração, e, em nossas ações, haja caridade para com todos, especialmente os humildes e os pobres, humildade e desapego de nós mesmos, enfim, uma vida de santidade (cf. ibid., n. 76).

— Discurso, 13 de junho de 2013

Reflexão

Onde está Deus buscando transformar sua vida?
Ele está chamando você para trilhar novas estradas?
Você está disposto a ouvir esse chamado?

16
JUL

Sem fronteiras, sem limites

Para onde Jesus nos envia? Não há fronteiras, não há limites: Ele nos envia a todo o mundo. O Evangelho é para todos, não apenas para alguns. Não é só para aqueles que parecem mais perto de nós, mais receptivos, mais acolhedores. É para todos.

Não tenha medo de sair e trazer Cristo para todas as áreas de sua vida, para as margens da sociedade, até mesmo para aqueles que parecem mais distantes, mais indiferentes. O Senhor busca a todos nós; Ele quer que todo o mundo sinta o calor da sua misericórdia e do seu amor.

— Homilia, Dia Mundial da Juventude, Missa de Encerramento, 28 de julho de 2013

Reflexão

Como se parece uma igreja quando sua intenção é compartilhar a Boa-Nova com todos? Você pode ajudar sua paróquia a parecer assim?

17
JUL

Ele nos amou, nos salvou, nos perdoou

O apóstolo Paulo encerrou essa passagem de sua carta aos nossos antepassados com as seguintes palavras: "Vocês já não estão sob a lei, mas sob a graça" [ver Romanos 6:14]. E esta é a nossa vida: caminhar sob a graça, porque o Senhor nos amou, nos salvou, nos perdoou. O Senhor fez todas as coisas e essa é a graça, a graça de Deus. Estamos no nosso caminho sob a graça de Deus, que veio até nós em Jesus Cristo, que nos salvou.

— Discurso, 17 de junho de 2013

Reflexão

A graça divina acompanha a nossa jornada com Deus do começo ao fim. Agradeça a Deus por amá-lo acima de tudo e peça um coração aberto para aceitar Sua graça mais profundamente em sua vida.

18
JUL

Como anunciar o Evangelho sem alma

A nova evangelização, a Igreja que evangeliza, deve sempre começar com a oração, com os pedidos, como os apóstolos no Cenáculo, pelo fogo do Espírito Santo. Apenas um relacionamento fiel e intenso com Deus torna possível sair de nossa própria natureza fechada e anunciar o Evangelho com *parrhēsía* [coragem]. Sem a oração, os nossos atos são vazios, e nossa proclamação não tem alma, não é inspirada pelo Espírito.

— Audiência Geral, 22 de maio de 2013

Reflexão

Você faz da prece uma prioridade a cada dia? Seria saudável para um casal passar dias sem se falar? Reacenda o seu relacionamento com Deus a cada dia passando um tempo significativo em oração.

19
JUL

Construtores de seu próprio destino

Ouçam! Os jovens são a janela através da qual o futuro adentra o mundo. Eles são a janela, e assim nos apresentam grandes desafios. A nossa geração mostrará que pode alcançar a promessa dentro de cada jovem quando soubermos dar-lhes espaço.

Isso significa que temos de criar as condições materiais e espirituais para o seu pleno desenvolvimento; dar-lhes uma base sólida sobre a qual construir as suas vidas; garantir a sua segurança e sua formação para que sejam tudo o que podem ser; transmitir-lhes os valores duradouros que tornam a vida digna de ser vivida; dar-lhes um horizonte transcendente para a sua sede de autêntica felicidade e sua criatividade para o bem; deixar-lhes o legado de um mundo digno dos humanos; e despertar neles o seu maior potencial como construtores de seu próprio destino, a partilha da responsabilidade pelo futuro de todos.

— Discurso, 22 de julho de 2013

Reflexão

O que você pode fazer para ajudar os jovens a encontrar o seu potencial? Que dons ou habilidades você pode compartilhar com eles? Há oportunidades em sua paróquia ou escolas locais para se conectar com eles e incentivá-los?

20
JUL

Reconstrua minha casa

Eu penso na história de São Francisco de Assis. Em frente ao crucifixo, ele ouviu a voz de Jesus dizendo-lhe: "Francisco, vai, reconstrua a minha casa". O jovem Francisco respondeu pronta e generosamente ao chamado do Senhor para reconstruir Sua casa. Mas que casa? Lenta mas seguramente, Francisco veio a perceber que não se tratava de uma reforma de um edifício de pedra, mas de fazer a sua parte na vida da Igreja. Tratava-se de estar a serviço da Igreja, amando-a e trabalhando para fazer o rosto de Cristo brilhar nela cada vez mais intensamente.

— Discurso, Vigília de Oração, 27 de julho de 2013

Reflexão

São Francisco de Assis levou muitos anos para finalmente entender o chamado de Deus em sua vida e render-se a Ele. Se você não tiver certeza do que deve fazer ou aonde deve ir, e está esperando alguma direção do Senhor, sirva-lhe generosamente onde você estiver, enquanto espera que o plano Dele se desenvolva.

21
JUL

Um semeador

Nós todos conhecemos a parábola em que Jesus fala de um semeador que saiu para semear no campo. Algumas sementes caíram pelo caminho, umas em terreno pedregoso, algumas entre os espinhos, e delas não houve frutos; outras caíram em terra boa e produziram muitos frutos (cf. Mateus 13:1-9). O próprio Jesus explica o significado da parábola: a semente é a Palavra de Deus semeada em nossos corações (cf. Mateus 13:18-23).

Hoje [...], todos os dias, mas hoje em particular, Jesus está semeando. Quando aceitamos a Palavra de Deus, somos o Campo da Fé! Por favor, deixem Cristo e sua palavra entrarem em suas vidas; deixem a semente da Palavra de Deus entrar, deixem-na florescer e crescer.

— Discurso, Dia Mundial da Juventude, 27 de julho de 2013

Reflexão

Que tipo de solo é você? Em que aspecto de sua vida você tem um terreno rochoso ou espinhos? E em que aspecto você precisa que a Palavra de Deus entre em sua vida?

22
JUL

Olhe além das pedras, dos espinhos e das ervas daninhas

Eu sei que vocês querem ser um bom solo, verdadeiros Cristãos, Cristãos autênticos, e não Cristãos de meio expediente: "formalistas", indiferentes, Cristãos "só na aparência". Sei que vocês não querem ser enganados por uma falsa liberdade, dependentes de modas e manias momentâneas. Sei que vocês focam alto, em decisões duradouras que sejam significativas...

Vamos fazer assim: em silêncio [...] digam a Ele: Jesus, olhe para as pedras, os espinhos e as ervas daninhas que eu trago comigo, mas olhe também para este pequeno pedaço de terra que eu lhe ofereço, para que a semente possa penetrar em meu coração. Em silêncio, vamos permitir que a semente de Jesus entre em nossos corações.

— Discurso, Dia Mundial da Juventude, Vigília de Oração, 27 de julho de 2013

Reflexão

Pense sobre as palavras do Papa Francisco e ore em silêncio como Ele recomenda, pedindo que a semente de Jesus penetre em seu coração.

23
JUL

A Igreja como um corpo

A Igreja não é uma associação cultural, política ou de bem-estar, mas um corpo vivo que caminha e age na história. E esse corpo tem uma cabeça, Jesus, que a guia, a alimenta e a apoia. Este é um ponto que eu gostaria de enfatizar: se alguém separa a cabeça do resto do corpo, a pessoa não consegue sobreviver. É assim na Igreja: devemos ficar conectados cada vez mais profundamente com Jesus.

Mas não só isso: assim como é importante que o sangue da vida flua através do corpo, a fim de que Ele viva, devemos permitir que Jesus trabalhe em nós, que sua Palavra nos guie, que sua presença na Eucaristia nos alimente e nos dê a vida, que seu amor fortaleça o nosso amor para com o próximo. E isso para sempre! Para sempre e sempre!

— Audiência Geral, 19 de junho de 2013

Reflexão

Você está conectado à Igreja? Você está unido ao corpo de Cristo? Encontre tempo esta semana para ir à missa diariamente e ficar ainda mais conectado.

24
JUL

Misericórdia: uma solução adequada

O amor nem discrimina nem relativiza, pois é misericordioso. E a misericórdia cria ainda maior proximidade [...], e, como realmente quer ajudar, procura a verdade que dói mais — a do pecado —, mas com o objetivo de encontrar uma solução adequada.

Esse amor é tão pessoal quanto comunitário. Ele [...] define um ritmo mais lento (ajudar aqueles que estão doentes leva tempo) e cria estruturas acolhedoras e inclusivas — um processo que também exige tempo.

— *Só o amor nos salvará*, I Congresso do Ministério Urbano Regional em Buenos Aires, 25 de agosto de 2011

Reflexão

Por que nós julgamos os outros tão facilmente? Nós catalogamos rapidamente as pessoas e decidimos se vamos ou não interagir com elas. Para onde Deus o está chamando a ser mais acolhedor? Nesse sentido, onde você falhou?

25
JUL

Testemunho do Evangelho

Todos nós temos de anunciar e testemunhar o Evangelho. Todos nós devemos nos perguntar: como posso dar testemunho de Cristo por meio da minha fé? Tenho a coragem de Pedro e dos outros apóstolos para pensar, escolher e viver como Cristão, obediente a Deus?

— Homilia, 14 de abril de 2013

Reflexão

Dedique alguns minutos refletindo sobre esta questão do Papa Francisco: como prestar testemunho de Cristo por meio de sua fé?

26
JUL

Você está lá por eles?

Festa de São Joaquim e Santa Ana

Maria continua a acompanhar a vida. Eu, como Maria, permaneço firme? Como estão seus pais? Como estão seus avós? Como estão seus sogros? Você está lá por eles? Você se importa com eles? Você os visita? Às vezes é muito doloroso, mas não há outra escolha a não ser colocá-los em uma casa de repouso por motivos de saúde ou situações familiares. Mas, uma vez que estão lá, eu reservo um sábado ou um domingo para estar com eles? Você se importa com quem está desaparecendo e lhe deu a vida?

— *Só o amor nos salvará*, Homilia, Festa da Anunciação, 25 de março de 2011

Reflexão

Você reserva tempo para estar com seus familiares? Se eles vivem muito longe, você torna prioridade ligar ou mandar um e-mail para enviar-lhes pequenas demonstrações de seu amor por eles?

27
JUL

Lavagem cerebral teológica

Hoje existe uma grande tentação na Igreja, uma forma espiritual de "abuso": manipular a mente; uma espécie de lavagem cerebral teológica que, em última análise, leva a pessoa a um encontro superficial com Cristo, não a um encontro com a Pessoa do Cristo Vivo! Dentro desse encontro, existe a pessoa e existe Cristo. Não há espaço para o engenheiro espiritual que deseja manipular.

Este é o desafio: levar a pessoa a Cristo. Isso deve ser feito, no entanto, com plena consciência de que nós mesmos somos meios de comunicação, e de que o verdadeiro problema não diz respeito à aquisição das mais recentes tecnologias, ainda que estas tornem possível uma presença válida. É necessário deixar absolutamente claro que o Deus em quem acreditamos, que ama todos os homens e mulheres intensamente, quer revelar-se a si mesmo pelos meios à nossa disposição, não importa quão pobres sejam, porque é Ele quem está trabalhando, aquele que transforma e nos salva.

— Discurso, 21 de setembro de 2013

Reflexão

Como você faz para ter encontros verdadeiros e significativos com Nosso Senhor, que não sejam superficiais? Fale com o Senhor sobre suas esperanças, suas fraquezas, seus fracassos e seus medos. Traga o fruto desse encontro com a pessoa de Cristo para suas conversas com os outros.

28
JUL

Em coisas materiais ou em Jesus?

Hoje, seria bom para todos nós que nos perguntássemos sinceramente: em quem depositamos nossa confiança? Em nós mesmos, em coisas materiais, ou em Jesus? Todos nós temos muitas vezes a tentação de nos colocar no centro, de acreditar que somos o eixo do universo, de acreditar que sozinhos podemos construir nossas vidas, ou de pensar que nossa vida só pode ser feliz se for construída sobre posses, dinheiro ou poder. Mas todos nós sabemos que não é assim.

Certamente, posses, dinheiro e poder podem dar uma emoção momentânea, a ilusão de ser feliz, mas acabam nos possuindo e nos fazendo sempre querer ter mais, nunca satisfeitos. Então, acabamos "cheios", mas não nutridos, e é muito triste ver jovens "cheios", mas fracos. Os jovens devem ser fortes, alimentados pela fé e não cheios de outras coisas! "Revesti-vos de Cristo" em sua vida, depositem sua confiança Nele e vocês nunca irão se decepcionar!

— Discurso, Dia Mundial da Juventude, 25 de julho de 2013

Reflexão

O que preenche você? Que desejos seus deveriam ser realizados por Deus antes de qualquer outra coisa? Reserve um tempo no silêncio de seu coração para confiar em Deus, e somente Nele.

29
JUL

Um espírito mundano

Mas há um problema que pode afligir os Cristãos: o espírito do mundo, o espírito mundano, o mundanismo espiritual. Isso leva à autossuficiência, a viver de acordo com o espírito do mundo, e não com o espírito de Jesus.

— Discurso, Vigília de Pentecostes com os Movimentos Eclesiásticos, 18 de maio de 2013

Reflexão

Pense em que áreas você pode substituir o espírito do mundo pelo espírito de Jesus. Em suas amizades? Nos meios de comunicação? Em sua atitude? Faça um esforço concreto para viver de acordo com o espírito Dele esta semana.

30
JUL

Comportem-se como verdadeiros filhos

Mas essa relação filial com Deus não é como um tesouro que mantemos em um canto da nossa vida [...]. Ela deve ser alimentada todos os dias com a escuta da Palavra de Deus, com a oração, com a participação nos sacramentos, especialmente da Reconciliação e da Eucaristia, e com amor.

Nós podemos viver como filhos! E esta é a nossa dignidade — temos a dignidade de filhos. Devemo-nos comportar como verdadeiros filhos! Isso significa que todos os dias devemos permitir que Cristo nos transforme e nos conformar com Ele; isso significa esforçar-nos para vivermos como Cristãos, para segui-lo, apesar de nossas limitações e fraquezas.

— Audiência Geral, 10 de abril de 2013

Reflexão

Faça sua fé crescer, alimentando-a. Em que área você tem uma fraqueza? Encontre uma maneira de corrigir e fortalecer essa área a cada dia deste mês.

31
JUL

Momentos difíceis

FESTA DE SANTO INÁCIO DE LOYOLA

[Sobre a dificuldade de tomar a decisão de se tornar um padre e um jesuíta]: Vocês sabem, é sempre difícil. Sempre. Foi difícil para mim. Está longe de ser fácil. Há belos momentos, e Jesus ajuda você, Ele lhe dá um pouco de alegria. Ao mesmo tempo há momentos difíceis, quando você se sente sozinho, quando se sente seco, sem qualquer alegria interior. Há momentos nebulosos de escuridão interior. Há dificuldades.

Mas é tão bonito seguir Jesus, andar nas pegadas Dele, que você logo encontra o equilíbrio e segue em frente. E, em seguida, vêm momentos ainda mais maravilhosos. Mas ninguém deve pensar que não haverá momentos difíceis na vida.

— DISCURSO a Alunos das Escolas Jesuítas da Itália e da Albânia,
6 de junho de 2013

Reflexão

Pense em todas as grandes decisões que você tomou com o Senhor. Em que aspecto houve dificuldades? O que foi bonito? Agradeça a Deus pelo passado e lembre-se desses momentos quando você caminhar com Jesus no futuro.

Janeiro

Fevereiro

Março

Abril

Maio

Junho

Julho

Agosto

Setembro

Outubro

Novembro

Dezembro

1
AGO

Alegria contagiante

Não tenha medo de mostrar a alegria de ter atendido ao chamado do Senhor, de ter respondido à sua escolha de amor e de dar testemunho de seu Evangelho no serviço à Igreja. E a alegria, a verdadeira alegria, é contagiante; ela é contagiante [...] e nos impulsiona para a frente.

— Discurso aos Seminaristas e Noviços, 6 de julho de 2013

Reflexão

Você conhece alguém com essa alegria contagiante? Você pode falar com essas pessoas e perguntar como elas evoluíram nesse aspecto? Como você pode crescer na alegria do Senhor?

2
AGO

Comprometam-se

E eu gostaria de falar especialmente a vocês, jovens: comprometam-se com seus deveres diários, seus estudos, seu trabalho, com suas relações de amizade, em ajudar aos outros. Seu futuro também depende de como vocês vivem esses preciosos anos de suas vidas. Não temam o compromisso, o sacrifício, nem vejam o futuro com medo. Mantenham suas esperanças vivas: há sempre uma luz no horizonte.

— Audiência Geral, 1º de maio de 2013

Reflexão

De quais compromissos você tem medo? Que atitude você pode tomar hoje para assumir responsabilidades?

3
AGO

O vinho da alegria

Deus sempre nos surpreende, como o vinho novo do Evangelho que acabamos de ouvir. Deus sempre guarda o melhor para nós. Mas Ele nos pede que nos deixemos surpreender por seu amor, que aceitemos as suas surpresas. Vamos confiar em Deus! Se nós nos desligamos Dele, o vinho da alegria, o vinho da esperança, esgota-se. Se nós nos aproximamos Dele, se permanecemos com Ele, o que parece ser água fria, dificuldade, pecado, é transformado no vinho novo da amizade com Deus.

— Homilia, Dia Mundial da Juventude, 24 de julho de 2013

Reflexão

Leia sobre a festa de casamento em Caná, no Evangelho de João (2:1-11), e medite sobre ela em oração, juntamente com essas palavras do Santo Padre. O que Deus está dizendo a você?

4
AGO

A paz é um dom precioso

Hoje, queridos irmãos e irmãs, quero juntar a minha voz ao clamor que se ergue com o aumento da angústia de todas as partes do mundo, de cada povo, do coração de cada pessoa, da grande família que é a humanidade: é o clamor pela paz! É um clamor que declara com força: queremos um mundo de paz, queremos ser homens e mulheres de paz, e queremos em nossa sociedade, dilacerada por divisões e conflitos, que a paz prevaleça!

Guerra nunca mais! Basta de guerras! A paz é um dom precioso que deve ser promovido e protegido.

— Discurso Angelus, 1º de setembro de 2013

Reflexão

Examine sua própria vida. Você é uma pessoa de paz? Você procura oportunidades para o diálogo quando discorda de alguém? Como você pode promover a paz em sua família, na sua comunidade, no mundo?

5
AGO

Você quer ser meu discípulo?

Olhando para este mar, para a praia e para todos vocês aqui reunidos, lembro-me do momento em que Jesus chamou os primeiros discípulos a segui-lo pelas margens do Lago de Tiberíades. Hoje, Cristo novamente pergunta a cada um de nós: você quer ser meu discípulo? Você quer ser meu amigo? Você quer ser uma testemunha do meu Evangelho?

— Discurso, Dia Mundial da Juventude, 25 de julho de 2013

Reflexão

Considere as três perguntas acima.
Como você respondeu a essas perguntas no passado?
Como você gostaria de vivenciá-las no futuro?

6
AGO

O Espírito Santo nos incomoda

FESTA DA TRANSFIGURAÇÃO DO SENHOR

O Espírito Santo nos incomoda porque nos move, nos faz viajar, e empurra a Igreja para a frente. E, enquanto ele não nos incomodar, pensamos como Pedro na Transfiguração: "Ah, como é maravilhoso estarmos aqui, todos juntos!"

Gostaríamos que o Espírito Santo cochilasse um pouco. Queremos reprimi-lo. E isso simplesmente não acontece, pois ele é Deus, é aquele vento que vai e vem, sem sabermos de onde. Ele é a força de Deus; é quem nos dá consolo e força para seguirmos em frente. Para ir adiante! E isso incomoda. A conveniência é mais agradável.

— HOMILIA, Domus Sanctae Marthae, 16 de abril de 2013

Reflexão

Quais coisas inconvenientes o Espírito Santo pede que você faça?
Como você tenta reprimir o que ele lhe diz?
Como você pode responder com mais liberdade?

7
AGO

Um sentido e uma satisfação reais

Quando preparamos um prato de comida e vemos que ela precisa de sal, bem, nós "pomos" sal; quando é preciso óleo, então vocês "põem" óleo. "Pôr" — ou seja, colocar em cima, derramar sobre. E assim é na nossa vida [...]. Se queremos que ela tenha um sentido e uma satisfação reais, como vocês querem e como vocês merecem, digo a cada um de vocês: "Ponha fé", e a vida assumirá um novo sabor, a vida terá uma bússola para lhe mostrar o caminho; "Ponha esperança", e cada um de seus dias será iluminado e seu horizonte não será mais escuro, mas luminoso; "Ponha amor", e sua vida será como uma casa construída sobre a rocha e a sua jornada será alegre, porque você vai encontrar muitos amigos com quem viajar.

— Discurso, Dia Mundial da Juventude, 25 de julho de 2013

Reflexão

O Papa mencionou fé, esperança e amor. De quais dessas virtudes você mais precisa agora? Qual delas você precisa "pôr" hoje?

8
AGO

Qual é a sua mentalidade?

Devemos ter a coragem da fé para não nos deixarmos guiar pela mentalidade que nos diz: "Deus não é necessário, não é importante para você", e assim por diante. É exatamente o contrário: só nos comportando como filhos de Deus, sem nos desesperar com nossas deficiências, em nossos pecados, só nos sentindo amados por Ele é que nossa vida será nova, animada pela serenidade e alegria. Deus é a nossa força! Deus é a nossa esperança!

— Audiência Geral, 10 de abril de 2013

Reflexão

A nossa cultura muitas vezes nos diz que Deus não é necessário ou importante. Como você pode se lembrar diariamente da importância de Deus em sua vida?

9
AGO

Um critério de avaliação

Então como é que o Espírito Santo atua em nossas vidas e na vida da Igreja, a fim de nos guiar rumo à verdade? Antes de mais nada, Ele lembra e imprime no coração dos crentes as palavras que Jesus pregou e, por meio dessas mesmas palavras, a lei de Deus — como os profetas do Antigo Testamento tinham predito — está gravada em nossos corações e torna-se, dentro de nós, um critério de avaliação em decisões e de orientação em nossas ações diárias; torna-se um princípio de vida.

— Audiência Geral, 15 de maio de 2013

Reflexão

Você tem uma decisão a tomar, ou anda se perguntando sobre a doutrina da Igreja Católica? Dê uma olhada no *Catecismo da Igreja Católica* a respeito do problema que você está enfrentando. Se você não possui uma cópia, pode encontrá-la on-line. Confie na sabedoria da Igreja.

10
AGO

O que é mais importante?

O que é mais importante? Jesus. Se seguimos em frente com os nossos próprios arranjos, com outras coisas, com coisas bonitas mas sem Jesus, não fazemos nenhum progresso, não obtemos êxito. Jesus é mais importante.

— Discurso, Vigília de Pentecostes com os Movimentos Eclesiásticos, 18 de maio de 2013

Reflexão

O que é mais importante para você?
Faça de Jesus o centro das suas decisões, atividades e palavras hoje, de uma forma específica e deliberada.

11
AGO

Entorpecer-nos diante da realidade

O amor hoje nos convida a olhar a longo prazo, preocupando-se com as gerações vindouras e sem deixar-lhes um legado de soluções fáceis [...]. Ele nos convida a seguir em frente sem nos entorpecermos diante da realidade, sem ser como avestruzes enterrando sua cabeça na areia em face de falhas e erros.

O amor nos convida a aceitar que, em nossa própria fraqueza, está todo o potencial necessário para reconstruir as nossas vidas, para nos reconciliar com o outro e crescer.

— *Só o amor nos salvará*, Homilia, 25 de maio de 2012

Reflexão

Quais falhas e erros você precisa encarar?
Onde Deus está lhe pedindo para crescer?

12
AGO

Os personagens principais

Em algum momento, sentimos que Jesus está olhando para nós. Ele sempre nos faz sentir como se soubesse que estamos aqui, e promete um encontro mais profundo no qual seremos os personagens principais de nossa amizade com Ele.

— *Só o amor nos salvará*, Homilia, 7 de agosto de 2011

Reflexão

Na história da vida, você se considera um personagem principal? Você faz o papel de protagonista? Se você se considera o personagem principal, como essa perspectiva muda a sua vida?

13
AGO

Eutanásia cultural

Vejam, neste momento, eu acho que a nossa civilização mundial foi além de seus limites; ela foi além de seus limites porque fez do dinheiro um deus tal, que estamos agora confrontados com uma filosofia e uma prática que exclui os dois extremos da vida mais cheios de promessas para os povos. Elas excluem os idosos, obviamente. Você poderia facilmente pensar que há uma espécie de eutanásia oculta — ou seja, nós não cuidamos das pessoas idosas. Mas há também uma eutanásia cultural, porque não permitimos que eles falem, não permitimos que eles ajam.

E há a exclusão dos jovens. A porcentagem de nossos jovens sem trabalho, sem emprego, é muito alta, e nós temos uma geração sem nenhuma experiência de dignidade adquirida com o trabalho.

— Discurso, Dia Mundial da Juventude, 25 de julho de 2013

Reflexão

Em uma cultura que parece agir só por si mesma, muitas pessoas e prioridades são deixadas para trás. O que você pode fazer esta semana para praticar uma maior abnegação? Que atividades específicas você pode adicionar à sua agenda para ajudá-lo a atingir esse objetivo?

14
AGO

Obcecado pela cultura do encontro

Sejam servidores da comunhão e da cultura do encontro! Eu gostaria que vocês fossem quase obcecados por isso. Sejam assim sem ser presunçosos, sem impor "nossas verdades", mas sendo guiados pela certeza humilde mas alegre daqueles que foram encontrados, tocados e transformados pela Verdade que é Cristo, sempre a ser proclamada.

— Homilia, Dia Mundial da Juventude, 27 de julho de 2013

Reflexão

Hoje, dê toda a sua atenção àqueles com quem está falando. Tenha humildade para realizar o ato amoroso da escuta.

15
AGO

Tristeza jamais

Festa da Assunção da Bem-Aventurada Virgem Maria

Os Cristãos são alegres, eles nunca são tristes. Deus está ao nosso lado. Nós temos uma Mãe que sempre intercede pela vida de seus filhos, por nós, como a rainha Ester fez na Primeira Leitura (cf. Ester 5:3). Jesus mostrou-nos que a face de Deus é a de um Pai amoroso. O pecado e a morte foram derrotados. Os Cristãos não podem ser pessimistas!

— Homilia, Dia Mundial da Juventude, 24 de julho de 2013

Reflexão

Você sofre com o pessimismo? Leia a vida de algum santo. Peça a Deus para ajudá-lo a ver e viver a perspectiva Dele.

16
AGO

Deus nunca condena

Lembremo-nos: Deus nos julga por nos amar. Se eu abraçar o seu amor, então estarei salvo; se eu me recusar, então estarei condenado, não por Ele, mas por mim mesmo, porque Deus nunca condena; Ele só ama e salva.

— Discurso, Dia Mundial da Juventude, Caminho da Cruz, 26 de julho de 2013

Reflexão

Quando você recusa o amor de Deus? Por quê?

17
AGO

Jesus não é uma ilusão!

E quando eu digo isso quero ser sincero e dizer-lhes que não vim aqui para vender-lhes uma ilusão. Eu vim aqui para dizer: há uma Pessoa que pode manter vocês de pé, confiem Nele! É Jesus! Confie em Jesus! E Jesus não é uma ilusão! Confie em Jesus. O Senhor está sempre conosco. Ele vem às margens do mar da nossa vida; Ele se faz próximo de nossas falhas, de nossas fragilidades e de nossos pecados a fim de transformá-los. Nunca parem de apoiar-se Nele, sempre e sempre, como bons esportistas — alguns de vocês sabem bem disso, por experiência — que podem enfrentar a pressão do treinamento a fim de alcançar os resultados!

As dificuldades não devem assustá-los; pelo contrário, impeli-los a ir além. Ouçam as palavras de Jesus como se fossem dirigidas a você: "Avancem e lancem suas redes".

— Discurso, Encontro com Jovens, 22 de setembro de 2013

Reflexão

Quais dificuldades você está enfrentando agora? Será que elas assustam? Reserve algum tempo no silêncio de seu coração para comprometer a sua vida e suas dificuldades com Jesus. Peça a Deus que faça dessas dificuldades a oportunidade de confiar Nele e fortalecer-se.

18
AGO

Será que eu...?

Então vamos nos perguntar esta noite, em adoração a Cristo, verdadeiramente presente na Eucaristia: será que eu me deixo ser transformado por Ele? Será que eu deixo o Senhor, que se entrega a mim, guiar-me para sair cada vez mais do meu pequeno invólucro a fim de dar, compartilhar, amar a Ele e ao próximo?

— Homilia, 30 de maio de 2013

Reflexão

Medite sobre essas questões que o Papa Francisco levantou.

19
AGO

Suicídio da humanidade

A guerra é uma loucura. É o suicídio da humanidade. É um ato de fé no dinheiro, que, para os poderosos desta Terra, é mais importante do que as pessoas [...]. Hoje nós [...] rezamos pelos mortos, pelos feridos, pelas vítimas da loucura que é a guerra: o suicídio da humanidade — que mata o coração, mata precisamente a mensagem do Senhor, mata o amor [...]. Deus nosso Pai chora, chora por essa loucura e diz a todos que têm poder: Onde está o seu irmão? [...] O que você fez? [...] Ó Senhor, tenha piedade de nós [...] e perdoe a todos por seus pecados.

Porque por trás de uma guerra sempre há pecados: o pecado da idolatria, explorando pessoas, sacrificando-as no altar do poder. Volte-se a nós, Senhor. Estamos confiantes de que o Senhor nos ouvirá, de que fará qualquer coisa para nos dar o espírito de consolação.

— Homilia, Domus Sanctae Marthae, 2 de junho de 2013

Reflexão

Nossa época é repleta de guerras. Guerras em várias nações. Guerras em nossa cultura. Guerras em nossos próprios corações. O que você acha que Deus quer que você aprenda com tudo isso? Como Ele o chama a amar os outros, apesar da loucura que envolve essas guerras?

20
AGO

Não percam a confiança

Vocês, jovens, meus queridos jovens amigos, vocês têm uma sensibilidade especial para com a injustiça, mas muitas vezes decepcionam-se com fatos que revelam corrupção por parte de pessoas que colocam seus próprios interesses antes do bem comum. Para vocês e para todos, repito: nunca cedam ao desânimo, não percam a confiança, não permitam que a sua esperança se extingua.

As situações podem mudar; as pessoas podem mudar. Seja o primeiro a buscar o bem; não se acostume com o mal, mas derrote-o com o bem.

— Discurso, Dia Mundial da Juventude, 25 de julho de 2013

Reflexão

Como você pode levar uma atitude positiva a uma situação desanimadora? Considere as atitudes que você pode tomar para vencer o mal com o bem. Que medidas são necessárias para essa situação? Que paciência é necessária?

Caminhada com o povo de Deus

Diga não à hipocrisia. Diga não ao clericalismo hipócrita. Diga não ao mundanismo espiritual. Se você não fizer isso, estará agindo mais como um homem de negócios ou um empresário do que como um homem ou uma mulher do Evangelho.

Diga sim à proximidade, à caminhada com o povo de Deus. Diga sim à ternura, especialmente para com os pecadores e párias, sabendo que Deus habita entre eles.

— *Só o amor nos salvará*, Homilia, 2 de setembro de 2012

Reflexão

Hoje, quando você for tentado a reagir duramente a uma situação, faça uma pausa e pense em como pode, antes, dizer "sim" à ternura. Seja um homem ou uma mulher do Evangelho, um homem ou uma mulher de misericórdia.

22
AGO

Nada lento sobre o Espírito Santo

FESTA DA REALEZA DE MARIA

Na oração, diante de Deus, no pensamento e na meditação sobre os fatos de sua vida, Maria não está com pressa, ela não se deixa ser levada pelo momento, não se deixa ser arrastada pelos acontecimentos.

No entanto, quando ela compreende claramente o que Deus lhe pede, quando ela compreende o que tem de fazer, ela não se demora, ela não atrasa, mas vai "às pressas". Santo Ambrósio comentou: "Não há nada lento sobre o Espírito Santo" (*Expos. Evang. sec. Lucam*, II, 19: PL 15, 1560).

— DISCURSO, 31 de maio de 2013

Reflexão

Que eventos o afastam de pensar sobre o que é importante na vida? O que o impede de ir logo atender ao que Deus lhe pede? Reserve um tempo em oração para ouvir o Pai, para ouvir sua voz e responder a Ele.

23
AGO

Ato de justiça

Cada vez que uma mulher dá à luz uma criança, é mais uma aposta na vida e no futuro. Ao mostrar preocupação com a inocência das crianças, nós garantimos a verdade do amanhã e, ao respeitar uma pessoa idosa altruísta, realizamos um ato de justiça e abraçamos as nossas próprias raízes.

— *Só o amor nos salvará*, Carta aos Sacerdotes, Religiosos e Fiéis de Buenos Aires, 1º de outubro de 2012

Reflexão

Você procura oportunidades para cuidar dos jovens e dos idosos? Você pode ajudar uma mãe solteira na sua paróquia ou no seu bairro? Visitar uma pessoa idosa solitária, em uma casa de repouso? Se você é pai, pense em levar seus filhos com você para dar-lhes modelos de atos de servidão.

24
AGO

Uma presença que ouve

Devemo-nos perguntar: que papel deve ter a Igreja no que se refere aos meios de comunicação à sua disposição? Em cada situação, além de considerações tecnológicas, acredito que o objetivo é entender como dialogar com os homens e mulheres de hoje [...]. São homens e mulheres que, por vezes, sentem-se abandonados por um Cristianismo que lhes parece estéril e em dificuldades, uma vez que tenta comunicar a profundidade do significado que vem com o dom da fé. Nós, de fato, testemunhamos hoje, na era da globalização, um crescente sentimento de desorientação e isolamento. Vemos, cada vez mais, uma perda do sentido da vida, uma incapacidade de conectar-se com um "lar" e uma luta para construir bons relacionamentos. Portanto, é importante saber como dialogar e, com discernimento, usar as tecnologias modernas e as redes sociais, de forma a revelar uma presença que ouve, conversa e incentiva.

Permitam-se, sem medo, ser essa presença, expressando a sua identidade Cristã enquanto se tornam cidadãos desse ambiente.

— Discurso à Assembleia Plenária do Conselho Pontifício para Comunicações Sociais, 21 de setembro de 2013

Reflexão

Como podemos criar culturas de diálogo on-line e off-line? Ore por humildade e corações abertos.

25
AGO

"Assuma Cristo"

Jesus traz Deus a nós e nos leva a Deus. Com Ele, a nossa vida é transformada e renovada, e podemos ver a realidade com outros olhos, pelo ponto de vista de Jesus, com os olhos dele (cf. *Lumen Fidei*, n. 18).

Por essa razão, digo a cada um de vocês hoje: "Assuma Cristo" em sua vida, e você encontrará um amigo em quem poderá confiar sempre. "Assuma Cristo", e você verá as asas da esperança espalhando-se e fazendo-o caminhar com alegria rumo ao futuro. "Assuma Cristo", e sua vida será plena de seu amor, será uma vida produtiva. Porque todos nós queremos ter uma vida frutífera, uma vida de doação ao próximo.

— Discurso, Dia Mundial da Juventude, 25 de julho de 2013

Reflexão

A sua vida é transformada e renovada por Cristo?
Você já assumiu Cristo como o centro da sua vida?

26
AGO

Ficar com o Senhor

Jesus é a porta, e Ele bate à nossa porta para que o deixemos cruzar o limiar de nossas vidas [...]. Isso significa abrir as portas de nossos corações, como fizeram os discípulos na estrada para Emaús, pedindo-lhe para ficar conosco para que possamos atravessar a porta da fé, de modo que o próprio Senhor nos leve ao ponto onde nós possamos entender nossas razões para crer e, em seguida, seguir adiante e anunciá-lo aos demais.

A fé implica a decisão de ficar com o Senhor, de viver com Ele e de compartilhá-lo com os nossos irmãos e irmãs.

— *Só o amor nos salvará*, Homilia, 1º de outubro de 2012

Reflexão

O que significa permitir que Jesus cruze o limiar da sua vida? Imagine sua vida como uma casa. Em quais quartos você O deixará entrar? De quais você O manterá fora? Tenha a coragem de abrir a sua vida ao Senhor.

27
AGO

A verdadeira força motriz da evangelização

Quem é a verdadeira força motriz da evangelização em nossa vida e na Igreja? Paulo VI escreveu claramente: "É o Espírito Santo que hoje, assim como no início da Igreja, age em cada um dos evangelizadores que se deixam possuir e conduzir por Ele. O Espírito Santo põe na boca deles as palavras que não poderiam encontrar por si mesmos e, ao mesmo tempo, predispõe a alma do ouvinte a ser aberta e receptiva à Boa-Nova e ao Reino a ser proclamado" (*Evangelii Nuntiandi*, n. 75).

— Audiência Geral, 22 de maio de 2013

Reflexão

Você está "possuído" pelo Espírito Santo? O Espírito Santo permite-nos ter verdadeiramente uma vida Cristã. Não o ignore. Não o coloque de lado. Se você não pediu o Espírito Santo em sua vida, agora peça-lhe para ficar com você.

28
AGO

Com simplicidade e coragem

Não tenham medo de viver a fé! Sejam testemunhas de Cristo em seu ambiente cotidiano, com simplicidade e coragem. Acima de tudo, que vocês possam ser capazes de mostrar àqueles que encontram, seus pares, o Rosto da misericórdia e do amor de Deus que sempre perdoa, incentiva e incute esperança.

— Mensagem, 21 de junho de 2013

Reflexão

Peça a Deus para conduzi-lo hoje a situações em que você possa viver a sua misericórdia — abrindo espaço para alguém em uma conversa, por exemplo, perdoando generosamente um deslize, ou recusando uma fofoca.

29
AGO

Esvaziar a nós mesmos de ídolos

Temos de nos esvaziar dos muitos pequenos ou grandes ídolos que cultuamos e nos quais buscamos refúgio e não raro procuramos basear nossa segurança. Eles são ídolos que, por vezes, mantemos bem escondidos. Eles podem ser a ambição, o oportunismo, o gosto pelo sucesso, colocando-nos no centro, a tendência a dominar os outros, a pretensão de sermos os únicos mestres de nossas vidas, alguns pecados a que estamos ligados e muitos outros.

— Homilia, 14 de abril de 2013

Reflexão

Onde você encontra refúgio longe de Deus? Como isso lhe dá uma falsa segurança? Peça a Deus para desvincular-se desses ídolos. Peça a graça de libertar-se e colocar a sua esperança Nele.

30
AGO

A linguagem do Espírito

A linguagem do Espírito, a linguagem do Evangelho, é a linguagem da comunhão que nos convida a tirar o melhor da clausura e da indiferença, da divisão e do antagonismo. Todos devemos nos perguntar: como posso me deixar ser guiado pelo Espírito Santo, de tal maneira que a minha vida e meu testemunho de fé sejam ambos unidade e comunhão? Eu transmito a palavra da reconciliação e do amor, que é o Evangelho, nos ambientes onde vivo?

— Audiência Geral, 22 de maio de 2013

Reflexão

Medite sobre as questões que o Papa Francisco coloca acima. Como você pode aplicá-las à sua vida cotidiana?

31
AGO

Responder ao mal com o bem

Queridos irmãos e irmãs, a palavra da Cruz é também a resposta que os Cristãos dão em face do mal, o mal que continua a trabalhar em nós e ao nosso redor. Os Cristãos devem responder ao mal com o bem, levando sobre si a Cruz, como fez Jesus.

— Discurso, Caminho da Cruz, 26 de julho de 2013

Reflexão

Medite por alguns minutos sobre o amor que Jesus demonstra na Cruz. Muitas pessoas mostraram a Jesus ódio e desprezo, e Ele, ainda assim, respondeu com amor. A que mal Deus pede que você responda com o bem?

Janeiro

Fevereiro

Março

Abril

Maio

Junho

Julho

Agosto

Setembro

Outubro

Novembro

Dezembro

1
SET

Lavar os pés

A consciência lúcida e compreensiva de Nosso Senhor (sabendo que o Pai tinha colocado tudo em suas mãos) o leva a envolver-se em uma toalha e lavar os pés dos seus discípulos. Uma visão maior e mais profunda não leva a novas ideias, mas a ações humildes, específicas e concretas.

— *Só o amor nos salvará*, I Congresso do Ministério Urbano Regional em Buenos Aires, 25 de agosto de 2011

Reflexão

Será que aumentar a sua fé faz você amar mais? Ele lhe dá maior humildade ou orgulho? Realize um ato específico e concreto de humildade esta semana.

2
SET

Combate espiritual

Devemo-nos preparar para o combate espiritual. Isso é importante. É impossível pregar o Evangelho sem essa batalha espiritual, uma batalha diária contra a tristeza, contra a amargura, contra o pessimismo. Uma batalha diária!

— Discurso, 17 de junho de 2013

Reflexão

O que lhe causa tristeza, amargura e pessimismo? Deus conhece a sua batalha. Peça a Deus a força para superar essas lutas por meio da alegria.

3
SET

Podar nossa língua

Não há necessidade de ir a um psiquiatra para saber que quando as pessoas [põem] alguém para baixo é porque elas próprias são incapazes de desenvolver-se e precisam sentir que o outro vale menos para sentir-se importantes. [Mas Jesus disse:] "Não fale mal dos outros, não os deprecie, não os desacredite."

[...] Não que sejamos maus; somos fracos e pecadores [...]. É muito mais fácil resolver uma situação com um insulto, com calúnias, lavando roupa suja, do que com palavras amáveis, como diz Jesus [...]. [Devemos começar] podando nossa língua um pouco, limitando os nossos comentários sobre os outros ou as explosões que nos levam a insultá-los e a arder de raiva.

— Homilia, Domus Sanctae Marthae, 13 de junho de 2013

Reflexão

Em que situações você é tentado a fofocar e falar mal dos outros? O que em você o torna suscetível a isso? Peça a Deus para ajudá-lo a melhorar nessas áreas, de modo que você não sinta necessidade de usar palavras duras.

4
SET

Viver consistentemente

Não é só falar, mas falar com a nossa vida toda: viver consistentemente, a própria consistência de nossas vidas! Essa consistência significa viver o Cristianismo como um encontro com Jesus que me leva a outros, e não apenas como um rótulo social. Em termos de sociedade, é assim que nós somos; somos Cristãos fechados em nós mesmos. Não, não é assim! O testemunho é o que conta!

— Discurso, Vigília de Pentecostes com os Movimentos Eclesiásticos, 18 de maio de 2013

Reflexão

Como Cristãos, podemos muitas vezes segmentar as nossas vidas. Somos Cristãos na igreja no domingo, mas não no escritório na segunda-feira. Somos Cristãos quando estamos com nossa família mais próxima, mas não com os nossos amigos em uma festa. Em que aspecto lhe falta consistência?

5
SET

Beata Madre Teresa de Calcutá

Mas uma questão permanece: por onde começamos? A quem devemos pedir para começar esse trabalho? Certa vez, algumas pessoas perguntaram a Madre Teresa de Calcutá o que era necessário mudar na Igreja, e por qual muro deviam começar. Perguntaram-lhe: "Qual é o ponto de partida?" Ao que ela respondeu: "Você e eu somos o ponto de partida!"

Essa mulher mostrou determinação! Ela sabia por onde começar. E hoje eu faço minhas as suas palavras e digo: vamos começar? Onde? Com você e comigo!

— Discurso, Dia Mundial da Juventude, 27 de julho de 2013

Reflexão

Pergunte a si mesmo: se eu devo começar por mim mesmo, exatamente onde começo? Abra o seu coração para que Jesus possa dizer por onde começar, e peça o dom da determinação para vivê-lo.

6
SET

Ele é o único herói!

O Evangelho diz que aqueles 72 voltaram de sua missão cheios de alegria porque tinham experimentado o poder do Nome de Cristo sobre o mal. Jesus diz: "A estes discípulos, Ele dá o poder para derrotar o mal". Mas acrescenta: "Alegrem-se, não porque os espíritos se submetem a vocês, mas porque seus nomes estão escritos nos céus" (Lucas 10:20).

Nós não devemos nos vangloriar como se fôssemos os protagonistas: só há um protagonista, é o Senhor! A graça do Senhor é a protagonista! Ele é o único herói! E a nossa alegria é apenas esta: ser seus discípulos, seus amigos.

— Discurso Angelus, 7 de julho de 2013

Reflexão

Reflita sobre a sua vida e as realizações que você tem alcançado nos últimos anos. Dê glória a Deus por cada uma. Peça a Deus força para empreender sua jornada de forma mais estreita com Ele.

7
SET

O modelo consumista

Os idosos [...] são abandonados por causa da nossa incapacidade egoísta em aceitar suas limitações, que refletem as nossas próprias. Eles são abandonados às inúmeras dificuldades que hoje devem ser superadas para sobreviver em uma civilização que não os deixa ser participantes ativos, ter uma voz, ou servir de exemplo, pois o modelo consumista determina que "só a juventude tem alguma utilidade e somente os jovens podem desfrutar a vida".

Esses idosos são os mesmos que, na sociedade como um todo, devem ser uma fonte de sabedoria para o nosso povo.

— *Só o amor nos salvará*, Homilia, 25 de maio de 2012

Reflexão

Em que área o modelo consumista de nossa cultura afeta você? Peça a Deus para centrar novamente sua perspectiva sobre si mesmo, sobre os outros e, em especial, sobre os idosos e os doentes.

8
SET

Nuvens da indiferença

Precisamos levar Cristo aos demais, por meio dessas alegrias e esperanças, como Maria, que trouxe Cristo aos corações dos homens e das mulheres. Precisamos atravessar as nuvens da indiferença, sem perder o nosso caminho; precisamos descer à noite mais escura, sem que nos sintamos superados e desorientados. Precisamos ouvir os sonhos, sem ser seduzidos; precisamos partilhar suas decepções, sem que nos desanimemos; simpatizar com aqueles cujas vidas estão aos pedaços, sem perder a nossa própria força e identidade (cf. Papa Francisco, *Discurso aos Bispos do Brasil*, 27 de julho de 2013, n. 4).

Esse é o caminho. Esse é o desafio.

— Discurso, 21 de setembro de 2013

Reflexão

A quem Cristo desafia você alcançar?
Como você está lidando com esse desafio? Como você pode encontrar o Senhor nessa experiência?

9
SET

A porta de nossas vidas

As coisas novas de Deus, as provações da vida, mantendo-se firme no Senhor. Queridos amigos, vamos abrir a porta de nossas vidas para as coisas novas de Deus, as quais o Espírito Santo nos oferece. Que Ele possa transformar-nos, confirmar-nos em nossas provações, fortalecer a nossa união com o Senhor, a nossa firmeza Nele: é uma verdadeira alegria! Que assim seja.

— Homilia, Santa Missa com o Rito da Confirmação, 28 de abril de 2013

Reflexão

O que Deus está tentando lhe dizer agora mesmo por meio de suas provações? Como você pode buscar o Senhor e aproximar-se Dele durante esse tempo?

10
SET

Não ter roubada a esperança

Vocês sabem, é fácil dizer "Não perca a esperança". Mas a todos, a todos vocês, àqueles que têm trabalho e aos que não têm, eu digo: "Não deixem que sejam roubadas as suas esperanças!" Talvez a esperança seja como as brasas sob as cinzas; que nos deixemos ajudar uns aos outros com solidariedade, soprando as cinzas para reacender a chama.

Mas a esperança nos impulsiona para a frente. Isso não é otimismo, isso é outra coisa. No entanto, a esperança não pertence a ninguém em particular; todos nós criamos esperanças! Temos de manter a esperança em todos, entre todos vocês e entre todos aqueles que estão distantes. A esperança é sua e nossa. É algo que pertence a todos!

— Discurso, Reunião com Trabalhadores, 22 de setembro de 2013

Reflexão

Você conhece alguém que precisa de esperança e encorajamento? Reserve um tempo para pegar o telefone e ligar para essa pessoa.

11
SET

O egoísmo e o individualismo

Jesus é a encarnação do Deus Vivo, aquele que traz a vida em meio a tantas obras da morte, em meio ao pecado, ao egoísmo e ao individualismo. Jesus aceita, ama, edifica, incentiva, perdoa, restaura a capacidade de caminhar, devolve a vida.

— Homilia, 16 de junho de 2013

Reflexão

Com o exemplo de Jesus em mente, para onde Deus chama você a encorajar, perdoar e restaurar? Você precisa de Deus para encorajar e restaurar a si mesmo? Peça a Deus para ajudá-lo a encontrar uma nova vida em meio à morte, ao pecado e ao egoísmo.

12
SET

Caminhe ao lado de Jesus

Pensar que Deus é amor faz muito bem a nós porque nos ensina a amar, a dar-nos aos outros como Jesus se doou a nós. Jesus caminha ao nosso lado na estrada da vida.

— Discurso Angelus, 26 de maio de 2013

Reflexão

Por onde Jesus pode caminhar ao seu lado esta semana?
Como você pode caminhar ao lado Dele?
Como você pode ser as mãos e os pés Dele?

13
SET

Jesus prefere os pecadores

Jesus não exclui ninguém. Alguns de vocês talvez pudessem me dizer: "Mas, Padre, eu certamente estou excluído porque sou um grande pecador: tenho feito coisas terríveis; tenho aprontado muito em minha vida". Não, você não está excluído! Precisamente por essa razão, você é o favorito, porque Jesus prefere os pecadores, sempre, a fim de perdoá-los, amá-los.

Jesus está esperando por você para lhe abraçar e lhe perdoar. Não tenha medo: Ele está à sua espera.

— Discurso Angelus, 25 de agosto de 2013

Reflexão

O que impede você de abraçar Jesus e receber o abraço Dele?

14
SET

O que acontece sem a Cruz?

Festa da Exaltação da Santa Cruz

Quando seguimos nossa jornada sem a Cruz, quando construímos sem a Cruz, quando professamos Cristo sem a Cruz, não somos discípulos do Senhor, somos mundanos: podemos ser bispos, padres, cardeais, papas, mas não discípulos do Senhor.

— Homilia, 14 de março de 2013

Reflexão

Por que a Cruz é essencial ao Cristianismo? A Cruz é essencial para a sua vida? Você a usa como um meio de compreender os seus sofrimentos? Você sente gratidão ao Senhor por isso?

15
SET

Reclame com Deus

FESTA DE NOSSA SENHORA DAS DORES

Lamentar a Deus não é um pecado. Um padre que conheço disse certa vez a uma mulher que reclamou com Deus sobre seus infortúnios: "Senhora, isso é uma forma de oração, vá em frente. O Senhor sente e ouve nossas lamentações". [Jó e Jeremias] também lamentaram, xingando, não o Senhor, mas a situação [...]. Há muitas pessoas que vivem situações de sofrimento existencial [...]. Nós [devemos pensar] sobre essas pessoas, cujo sofrimento é tão grande, com o nosso coração e com a nossa carne [...]; essas pessoas se tornam uma preocupação para mim. Meu irmão sofredor, minha irmã sofredora.

— HOMILIA, Domus Sanctae Marthae, 5 de junho de 2013

Reflexão

Em primeiro lugar, conte a Deus sobre os seus próprios sofrimentos. Em segundo lugar, peça a graça de ouvir e ajudar nos sofrimentos do próximo.

16
SET

Revelar ídolos ocultos

Tenho certeza de que nenhum de nós fica de pé diante de uma árvore para adorá-la como a um ídolo [...], nenhum de nós mantém estátuas para adorar em casa. [Mas] a idolatria é sutil; temos nossos ídolos ocultos, e a estrada ao longo da vida para chegar ao Reino de Deus [...] implica desenterrá-los.

— Homilia, Domus Sanctae Marthae, 6 de junho de 2013

Reflexão

Quais ídolos você precisa desenterrar em sua viagem ao Reino de Deus? O orgulho? A riqueza? A atenção? Que passo ou sacrifício você pode fazer esta semana para afastar-se de seus ídolos?

17
SET

Rebelem-se contra a cultura

Hoje, há quem diga que o casamento está fora de moda. Está fora de moda? Em uma cultura do relativismo e do efêmero, muitos pregam a importância de "aproveitar" o momento. Dizem que não vale a pena firmar um compromisso ao longo da vida, tomar uma decisão definitiva, "para sempre", porque não sabemos o que o amanhã irá trazer.

Peço a vocês que sejam revolucionários, peço a vocês que nadem contra a maré. Sim, eu estou pedindo que vocês se rebelem contra essa cultura que vê tudo como temporário e, em última análise, acredita que você é incapaz de assumir responsabilidades, de ter um amor verdadeiro.

— Discurso, Dia Mundial da Juventude, 28 de julho de 2013

Reflexão

Que compromissos você assumiu com sua família, sua paróquia, sua vocação e seus amigos? Tome uma resolução firme de manter seus compromissos, independentemente do custo, e peça a Deus força para cumpri-los.

18
SET

Não um inimigo

Meu desejo é que o diálogo entre nós ajude a construir pontes que liguem todas as pessoas, de tal forma, que todos possam ver no outro não um inimigo, não um rival, mas um irmão ou uma irmã a ser acolhido e abraçado!

— Discurso, 22 de março de 2013

Reflexão

Quem você vê como um inimigo ou rival? Como você pode mudar sua atitude? Que medidas você pode tomar esta semana para ajudá-lo a ver essa pessoa como um irmão ou uma irmã?

19
SET

Dinheiro

O dinheiro tem de servir, e não governar! O Papa ama a todos, ricos e pobres, mas ele tem o dever, em nome de Cristo, de lembrar os ricos de ajudar os pobres, de respeitá-los, de promovê-los.

— Discurso, 16 de maio de 2013

Reflexão

Quando foi que você deixou o amor por dinheiro ofuscar seu amor por Deus? Quando você deixou o seu amor por Deus ofuscar o seu amor por dinheiro? Peça a Deus para ajudá-lo a usar seus recursos para servir ao próximo.

20
SET

A imagem de Cristo e sua Igreja

A Igreja é a noiva. No Evangelho, [Jesus] retorna muitas vezes às imagens das virgens prudentes que esperam o noivo com lampiões acesos e da festa que o pai oferece pelo casamento de seu filho [...].

O Senhor nos mostra que a relação entre Ele e a Igreja é matrimonial. Essa é a razão mais profunda pela qual a Igreja guarda o sacramento do Matrimônio. E esse é chamado um grande sacramento porque é precisamente a imagem do tipo de união que Cristo tem com a Igreja.

— Homilia, Domus Sanctae Marthae, 6 de setembro de 2013

Reflexão

Em toda a Escritura, Deus se refere à sua relação com o Povo de Deus como matrimonial. À luz disso, como é o seu amor pelo Senhor? Você o considera o amor de sua vida? Você assumiu um compromisso de vida com Ele?

21
SET

Guerra profunda contra o mal

É a decisão firme e corajosa de renunciar ao mal e suas seduções e de escolher o bem, pronto para pagar com a vida: isso é seguir a Cristo; isso é o que significa carregar a Cruz!

Essa guerra profunda contra o mal! De que adianta fazer a guerra, tantas guerras, se você não é capaz de travar essa profunda guerra contra o mal? Não faz sentido! Não funciona.

— Discurso Angelus, 8 de setembro de 2013

Reflexão

Se alguém presenciasse o seu dia a dia, testemunharia uma batalha contra o mal? Quais ações corajosas essa pessoa veria?

22
SET

Atingir aos outros

Gentileza é uma virtude um pouco esquecida: ser gentil, abrindo espaço aos outros. Há tantos inimigos da gentileza, não é? Começando pelas fofocas. Quando as pessoas preferem contar histórias, mexericar os outros. São acontecimentos diários que atingem a todos, e a mim também [...]. São tentações do maligno, aquele que não quer que o Espírito crie essa gentileza nas comunidades Cristãs.

— Homilia, Domus Sanctae Marthae, 9 de abril de 2013

Reflexão

Quando fofocamos, nossas palavras ficam soltas no ar, e nunca mais serão recolhidas novamente. Reserve algum tempo para examinar sua consciência e recordar as vezes em que falou mal dos outros. Decida erradicar essa tentação do maligno e crescer na virtude da mansidão.

23
SET

A voz de Jesus é única

Jesus quer estabelecer com seus amigos uma relação que espelha a sua própria relação com o Pai: uma relação de pertencimento recíproco em confiança total, em comunhão íntima. Para expressar essa profunda compreensão, essa relação de amizade, Jesus usa a imagem do pastor com suas ovelhas: ele as chama e elas reconhecem a sua voz; elas respondem ao seu chamado e seguem-no.

Essa parábola é muito bonita! [...] A voz de Jesus é única! Se aprendermos a distingui-la, ela nos guiará pelo caminho da vida, um caminho que vai até mesmo além do abismo da morte.

— Discurso *Regina Caeli*, 14 de abril de 2013

Reflexão

Como você ouve a voz do pastor? Que outras vozes distraem e enganam você em nosso mundo? Em oração, você pode aprender a distinguir a autêntica voz de Jesus.

24
SET

Saudar a vitória de Jesus

Cristo triunfou amplamente sobre o mal de uma vez por todas, mas cabe a nós, ao povo de todas as épocas, saudar a vitória em nossas vidas e em situações reais da história e da sociedade.

— Discurso *Regina Caeli*, 1º de abril de 2013

Reflexão

Em suas provações, sofrimentos e decepções, lembre-se da vitória de Cristo. Convide a realidade do triunfo de Jesus a entrar em sua vida.

25
SET

Graça

É claro, devemos sempre ter em mente que somos justificados, somos salvos pela graça, por meio de um ato de amor oferecido gratuitamente por Deus, que sempre nos precede; por nós mesmos, não podemos fazer nada.

A fé é, antes de mais nada, um dom que recebemos. Mas, para dar frutos, a graça de Deus sempre exige a nossa abertura para Ele, nossa livre e concreta resposta.

— Audiência Geral, 24 de abril de 2013

Reflexão

Que graça Deus tem vindo oferecer a você ultimamente?
Em que área da sua vida Ele está trabalhando?
Como você pode se abrir para essa graça, em seu coração, com seus pensamentos e em suas ações?

26
SET

Deus jamais se cansa! Que nunca nos cansemos!

Não esqueçamos esta palavra: Deus jamais se cansa de nos perdoar! "Mas, Padre, qual é o problema?" Bem, o problema é que nós mesmos nos cansamos, não queremos pedir, estamos cansados de pedir perdão. Ele nunca se cansa de perdoar, mas às vezes nos cansamos de pedir perdão. Nunca nos cansemos, nunca nos cansemos!

Ele é o Pai amoroso que perdoa sempre, que tem aquele coração de misericórdia para todos nós. E vamos, também, aprender a ser misericordiosos com todos.

— Discurso Angelus, 17 de março de 2013

Reflexão

Você se cansam de pedir perdão e de confessar os mesmos pecados? Vamos aceitar o contínuo perdão do Senhor e perdoar continuamente aqueles que sempre nos ofendem.

27
SET

Esta é a Providência!

Jesus percebe nossos problemas, sente as nossas fraquezas e as nossas necessidades. Olhando para aqueles cinco pães, Jesus pensa: "Esta é a Providência!" A partir dessa pequena quantidade, Deus pode satisfazer a todos. Jesus confia no Pai celeste sem reservas; Ele sabe que, para Ele, tudo é possível.

— Discurso Angelus, 2 de junho de 2013

Reflexão

Quais são seus pontos fracos e suas necessidades? Como você acha que Deus está usando-os em seu plano divino? Confie sua vontade ao plano de Deus, não importa quão obscuro ele possa parecer.

A justiça e a espiral do mal

Se vivermos de acordo com a lei "Olho por olho, dente por dente", nunca sairemos da espiral do mal. O maligno é inteligente e nos ilude a pensar que com a nossa justiça humana podemos nos salvar e salvar o mundo! Na realidade, somente a justiça de Deus pode nos salvar! E a justiça de Deus se revela na Cruz: a Cruz é o juízo de Deus sobre todos nós e sobre este mundo.

Mas como é que Deus nos julga? Ao dar a sua vida por nós! Esse é o supremo ato de justiça que derrotou o príncipe deste mundo de uma vez por todas; e esse ato supremo de justiça é o supremo ato de misericórdia. Jesus nos convida a seguir esse caminho: "Sede misericordiosos, como também é vosso Pai misericordioso" (Lucas 6:36).

Eu agora lhe peço uma coisa. Em silêncio, vamos todos pensar [...], pensemos em uma pessoa com quem estamos irritados, de quem estamos com raiva, alguém de quem não gostamos. Vamos pensar nessa pessoa e, em silêncio neste momento, vamos orar por ela, e nos tornar misericordiosos com essa pessoa.

— Discurso Angelus, 15 de setembro de 2013

Reflexão

Passe algum tempo em silêncio para agir de acordo com esse pedido do Santo Padre.

29
SET

Quem é como Deus?

FESTAS DE SÃO MIGUEL, SÃO GABRIEL E SÃO RAFAEL

Miguel — que significa: "Quem é como Deus?" — é o campeão do primado de Deus, de sua transcendência e seu poder. Miguel luta para restabelecer a justiça divina; ele defende o Povo de Deus de seus inimigos e, sobretudo, do arqui-inimigo *par excellence*, o diabo. E São Miguel triunfa porque nele quem age é Deus. Esta escultura [de São Miguel] lembra, portanto, que o mal foi vencido, que o acusador foi desmascarado, que sua cabeça foi esmagada, porque a salvação foi cumprida de uma vez por todas pelo sangue de Cristo.

Mesmo que o diabo esteja sempre tentando arranhar o rosto do arcanjo e o rosto do homem, Deus é mais forte; sua é a vitória, e sua salvação é oferecida a todos os seres humanos.

— DISCURSO, 5 de julho de 2013

Reflexão

Você invoca São Miguel para defendê-lo em sua batalha contra o mal? E permite que Deus o preceda em tudo o que você faz, ajudando-o a lutar e manter-se firme quando está em perigo? Escolha lutar ao lado Dele.

30
SET

A santidade comum

Eu vejo a santidade [...] na paciência do Povo de Deus: uma mulher que está criando os filhos, um homem que trabalha para trazer o pão para casa, os doentes, os sacerdotes idosos que têm tantas feridas, mas mantêm um sorriso no rosto porque serviram ao Senhor, as irmãs que trabalham duro e vivem uma santidade oculta. Essa é para mim a santidade comum.

Costumo associar santidade com paciência: não só a paciência como *hypomone* [a palavra grega do Novo Testamento], assumindo o controle dos fatos e as circunstâncias da vida, mas também como uma constância em seguir adiante, dia após dia.

— Entrevista com o Papa Francisco, revista *America*,
30 de setembro de 2013

Reflexão

Em que aspecto Deus o chama a ser paciente? Como você pode se voltar para o Senhor a fim de encontrar esperança, sentido e força em tempos de rotina ou trabalho difícil? Confie em Deus e deixe-O levá-lo para a frente.

Janeiro

Fevereiro

Março

Abril

Maio

Junho

Julho

Agosto

Setembro

Outubro

Novembro

Dezembro

1
OUT

Pai

É o próprio Espírito, que recebemos no Batismo, que nos ensina, que nos leva a dizer a Deus: "Pai", ou melhor, "Abba!" — que significa "pai" ou ["papai"]. O nosso Deus é assim: Ele é um pai para nós [...]. Deus nos trata como filhos, Ele nos entende, Ele nos perdoa, Ele nos abraça, Ele nos ama, mesmo quando erramos.

— Audiência Geral, 10 de abril de 2013

Reflexão

Nós somos filhos do Deus do universo, aquele que é todo-poderoso e, ainda sim, é também todo-amoroso. Será que isso faz diferença para você na sua vida cotidiana?

2
OUT

Anjos da guarda

Na jornada e nas provações da vida, não estamos sozinhos: estamos acompanhados e sustentados pelos anjos de Deus, que oferecem, por assim dizer, as suas asas para nos ajudar a superar os muitos perigos, para sermos capazes de voar acima dessas realidades que podem tornar nossa vida difícil ou arrastar-nos para baixo.

— Discurso, 5 de julho de 2013

Reflexão

Que papel os anjos desempenham na sua vida de fé? Os católicos acreditam que cada pessoa tem um anjo da guarda. Alguma vez você já orou pelo seu? Peça ao seu anjo da guarda ajuda, proteção e orientação!

3
OUT

Mas não é fácil!

A participação na política é uma obrigação para um Cristão. Nós, Cristãos, não podemos "desempenhar o papel de Pilatos", lavando as mãos; não podemos. Temos de estar envolvidos na política porque a política é uma das mais altas formas de caridade, pois busca o bem comum.

E Cristãos leigos devem trabalhar na política. Vocês irão me dizer: "Mas não é fácil!" Também não é fácil tornar-se um padre. Nada é fácil na vida.

— Discurso a Alunos das Escolas Jesuítas da Itália e da Albânia, 6 de junho de 2013

Reflexão

Para a maioria de nós, o envolvimento político começa na nossa vizinhança e na nossa cidade. Você participa da política de sua comunidade local? Como você pode se envolver tanto na política local quanto na nacional de forma que busque o bem comum?

4
OUT

Abraçar o Corpo sofredor de Cristo

FESTA DE SÃO FRANCISCO DE ASSIS

O jovem Francisco abandonou as riquezas e o conforto a fim de tornar-se um homem pobre entre os pobres. Ele entendeu que a verdadeira alegria e a verdadeira riqueza não vêm dos ídolos deste mundo — das coisas materiais e da posse delas — mas encontram-se apenas em seguir a Cristo e servir ao próximo.

Menos conhecido talvez seja o momento em que esse entendimento tomou forma concreta em sua própria vida. Foi quando Francisco abraçou um leproso. Esse irmão sofredor era o "mediador de luz [...] para São Francisco de Assis" (*Lumen Fidei*, n. 57), porque a cada irmão e irmã sofredores que abraçamos nós abraçamos o Corpo sofredor de Cristo.

— DISCURSO, Dia Mundial da Juventude, 24 de julho de 2013

Reflexão

Por que o exemplo de São Francisco é importante para nós hoje em dia? O que significa para você abandonar o seu conforto e abraçar os outros?

5
OUT

Dê-nos esse coração misericordioso

Festa de Santa Faustina

Deus sempre quer misericórdia e não condena ninguém. Ele quer a misericórdia sincera porque é misericordioso e pode entender bem a nossa miséria, as nossas dificuldades e também os nossos pecados. Ele dá a todos nós o seu coração misericordioso!

— Discurso Angelus, 14 de julho de 2013

Reflexão

Jesus disse: "Não julgueis, e não sereis julgados; não condeneis, e não sereis condenados; perdoai, e sereis perdoados" (Lucas 6:37). Deus estabelece uma relação entre a nossa boa vontade para oferecer misericórdia aos outros e a misericórdia que Ele nos oferece. Quem em sua vida precisa de perdão em vez de julgamento e condenação?

6
OUT

Livrai-nos de sermos uma igreja gnóstica

O Espírito Santo atrai-nos para o mistério do Deus vivo e nos salva da ameaça de uma Igreja gnóstica e autorreferencial, fechada em si mesma. Ele nos impele a abrir as portas e sair a proclamar e testemunhar a Boa-Nova do Evangelho, a transmitir a alegria da fé, o encontro com Cristo.

— Homilia, Missa com os Movimentos Eclesiásticos no Domingo de Pentecostes, 19 de maio de 2013

Reflexão

Você transmite a alegria da fé, ou projeta um ar de ansiedade, aspereza ou negatividade? Peça corajosamente ao Senhor para ajudá-lo a ver a si mesmo como os outros o veem e para corrigir as coisas que impedem o seu testemunho.

7
OUT

Para superar o egoísmo — Rezem o Rosário

Festa de Nossa Senhora do Rosário

Aqui eu gostaria de enfatizar a beleza de uma oração contemplativa simples, acessível a todos, a grandes e pequenos, aos cultos e àqueles com pouca educação. É a oração do Santo Rosário. No Rosário, nós nos voltamos para a Virgem Maria para que ela possa nos guiar em uma união cada vez mais estreita com o seu Filho, Jesus, para nos pôr em conformidade com Ele, para que tenhamos seus sentimentos e nos comportemos como Ele.

De fato, no Rosário, enquanto repetimos a Ave-Maria, meditamos sobre seus mistérios, sobre os acontecimentos da vida de Cristo, a fim de conhecê-lo e amá-lo cada vez mais. O Rosário é um meio eficaz para a abertura de nós mesmos a Deus, pois nos ajuda a superar o egoísmo e trazer a paz ao coração, à família, à sociedade e ao mundo.

— Mensagem, 21 de junho de 2013

Reflexão

Reze o Rosário hoje, focando os mistérios e imaginando cada cena e como deve ter sido estar lá. Ore por sabedoria para entender como essas cenas se relacionam com sua própria vida.

8
OUT

O mundo de Deus

O mundo de Deus é um mundo onde todos se sentem responsáveis um pelo outro, pelo bem do próximo. Esta noite, em reflexão, jejum e oração, cada um de nós, no fundo, deve se perguntar: é realmente esse o mundo que eu desejo? É realmente esse o mundo que todos nós carregamos em nossos corações?

O mundo que realmente queremos é um mundo de harmonia e de paz, em nós mesmos, em nossas relações com os outros, nas famílias, nas cidades, nas nações e entre elas? E a verdadeira liberdade não significa a escolha de caminhos neste mundo que levem ao bem de todos e sejam guiados pelo amor?

— Vigília de Oração pela Paz, 7 de setembro de 2013

Reflexão

Dedique um momento para pensar nessas questões do Papa e no que elas significam para você.

9
OUT

Vamos dizer "sim"

O Deus Vivo nos liberta! Vamos dizer "sim" ao amor e não ao egoísmo. Vamos dizer "sim" à vida e não à morte. Vamos dizer "sim" à liberdade e não à escravidão aos muitos ídolos do nosso tempo. Em uma palavra, vamos dizer "sim" ao Deus que é amor, vida e liberdade, e que nunca nos decepciona.

— Homilia, 16 de junho de 2013

Reflexão

Como você pode rejeitar o egoísmo, os ídolos e a morte e dizer "sim" a Deus neste dia? Ao que você precisa dizer "não" hoje para tornar possível este "sim"?

10
OUT

O que Deus deu a você?

Um Cristão que se retira para dentro de si, que esconde tudo o que o Senhor lhe deu, é um Cristão que [...] não é um Cristão! Ele é um Cristão que não agradece a Deus por tudo o que Deus lhe deu!

— Audiência Geral, 24 de abril de 2013

Reflexão

Leia a parábola dos talentos em Mateus 25:14-30. Que talentos Deus deu a você? Você os está usando ou escondendo? Agradeça a Deus, usando os dons que Ele lhe deu.

11
OUT

A plenitude da Verdade

Como Jesus prometeu, o Espírito Santo nos guia "para toda a verdade" (João 16:13). Ele não só nos guia ao encontro com Jesus, à plenitude da Verdade, como também nos guia "para dentro" da Verdade — ou seja, ele nos faz entrar em uma comunhão cada vez mais profunda com Jesus, dando-nos o conhecimento de todas as coisas de Deus. E nós não podemos conseguir isso só com nosso próprio esforço.

A menos que Deus nos ilumine a partir de dentro, a nossa existência Cristã será superficial.

— Audiência Geral, 15 de maio de 2013

Reflexão

Tente ler um parágrafo do *Catecismo* em cada dia desta semana. Veja o que você pode aprender sobre a verdade de Deus.

12
OUT

Novo fermento

Cruzar o limiar da fé significa confiar e agir no poder do Espírito Santo, que está presente na Igreja e manifesta-se nos sinais dos tempos. Significa entrar no fluxo constante da vida e da história, sem sucumbir ao derrotismo paralisante que só elogia o passado. É urgente pensar em outros caminhos, oferecer novas sugestões e criar novidades, amassar a vida com o novo fermento de "sinceridade e verdade" (I Coríntios 5:8).

— *Só o amor nos salvará*, Carta aos Sacerdotes, Religiosos e Fiéis de Buenos Aires, 1º de outubro de 2012

Reflexão

Alguma vez você já se pegou vivendo no passado? Como Deus o chama para seguir em frente? Como você pode abraçar as novas oportunidades que Deus lhe apresenta?

13
OUT

O mistério da Eucaristia

Perguntemo-nos: como faço para seguir a Jesus? Jesus fala em silêncio no mistério da Eucaristia. Ele nos lembra, a cada vez, que segui-lo significa sairmos de nós mesmos, e não fazer da nossa vida uma possessão nossa, mas sim um presente para Ele e para os outros.

— Homilia, 30 de maio de 2013

Reflexão

Passe algum tempo em adoração eucarística.
Ouça o que Jesus quer lhe dizer.

14
OUT

É para a sua vantagem

Vamos tentar nos perguntar: estou aberto à ação do Espírito Santo? Rezo para ele me dar iluminação, para fazer-me mais sensível às coisas de Deus?

Esta é uma prece que devemos fazer todos os dias: "Espírito Santo, torne meu coração aberto à Palavra de Deus, torne meu coração aberto a Deus, torne meu coração aberto à beleza de Deus todos os dias".

— Audiência Geral, 15 de maio de 2013

Reflexão

Jesus disse: "É melhor para vós que eu vá, porque se eu não for o Consolador não virá a vós; mas se eu for eu vo-lo enviarei" (João 16:7). Eu conclamo o Espírito Santo para que reine em seus corações, em suas mentes e em suas vidas hoje e todos os dias.

15
OUT

Um cobertor encharcado

FESTA DE SANTA TERESA DE JESUS

Não há santidade na tristeza, não há! Santa Teresa [...] disse: “Um santo que é triste é um santo triste”. Isso não tem muita serventia [...].

Quando você vê um seminarista, um padre, uma irmã, ou um noviço com um rosto comprido, sombrio, que parece ter jogado um cobertor encharcado sobre sua vida, um daqueles cobertores pesados [...] que o puxam para baixo [...] Algo deu errado! Mas, por favor: jamais, nenhuma irmã, nenhum sacerdote com cara de “pimenta em conserva no vinagre” — nunca!

— DISCURSO aos Seminaristas e Noviços, 6 de julho de 2013

Reflexão

Qual é a relação entre santidade e alegria? Se você deseja ter mais alegria, aproxime-se de nosso Senhor. Encha-se de alegria, especialmente quando os outros forem cobertores molhados.

16
OUT

A fé é nossa luz

Sempre que deixamos nossos pensamentos, nossos sentimentos ou a lógica do poder humano prevalecer, e não nos deixamos ser ensinados e guiados pela fé, por Deus, nós nos tornamos pedras onde se tropeça. A fé em Cristo é a luz da nossa vida como Cristãos!

— Homilia, 29 de junho de 2013

Reflexão

Deus diz ao profeta Isaías que, "assim como os céus são mais altos do que a Terra, assim são os meus caminhos mais altos do que os vossos caminhos, e os meus pensamentos do que os vossos pensamentos" (Isaías 55:9). Temos de usar a razão e a lógica para tomar decisões, mas nunca devemos esquecer de avançar com fé e confiança em Deus.

17
OUT

Compreendido e amado

Ao longo dos Evangelhos, vemos como Jesus, por suas palavras e ações, traz a vida transformadora de Deus. Esta foi a experiência da mulher que ungiu os pés do Senhor com perfume: ao se sentir compreendida, amada, ela respondeu com um gesto de amor. Ela se deixou tocar pela misericórdia de Deus, obteve o perdão e começou uma nova vida. O Deus Vivo é misericordioso. Você concorda?

— Homilia, 16 de junho de 2013

Reflexão

Em que área você precisa de transformação? Onde você precisa de perdão e de uma vida nova? Você vai deixar a misericórdia de Deus mudá-lo?

18
OUT

Deus está distante?

FESTA DE SÃO LUCAS

Nosso Deus é um Deus que está próximo, um Deus que se torna presente para nós, um Deus que [...] se tornou um entre seu povo, em Jesus Cristo, para que pudesse estar perto de nós.

Mas não era algum tipo de proximidade metafísica. Pelo contrário, era a proximidade que Lucas descreve quando Jesus vai curar a filha de Jairo, quando as pessoas se aglomeravam ao redor Dele, quase sufocando-o, enquanto uma velhinha pobre atrás da multidão esforçava-se para tocar a bainha do seu manto. Era a proximidade da multidão que queria silenciar o cego na entrada de Jericó, que tentava fazer-se ouvir, gritando. Era a proximidade que deu coragem aos dez leprosos para implorar-lhe que os fizesse limpos.

Jesus interessava-se por isso.

— *Só o amor nos salvará*, Homilia, 2 de setembro de 2012

Reflexão

Você imagina Deus distante ou perto de você?
Reflita sobre as palavras do Papa. O que o impede de aceitar o desejo de Deus de estar perto de você?

19
OUT

Ouvir nossa realidade diária

Esta é outra verdade em nossa vida: ouvir a Deus, que nos fala, e ouvir também a realidade diária, prestando atenção nas pessoas, nos fatos, pois o Senhor está à porta da nossa vida manifestando-se em muitos aspectos, colocando sinais em nosso caminho. Ele nos dá a capacidade de vê-los.

— Discurso, 31 de maio de 2013

Reflexão

Dedique o seu tempo em oração para refletir sobre a sua semana. Que sinais Deus está colocando em seu caminho? O que Ele está tentando dizer a você por meio dos acontecimentos, das pessoas e dos lugares na sua vida?

A lei do amor

Qual é a lei do Povo de Deus? É a lei do amor, o amor a Deus e o amor ao próximo, de acordo com o novo mandamento que o Senhor deixou para nós (cf. João 13:34). Um amor, no entanto, que não é sentimentalismo estéril ou algo vago, mas o reconhecimento de Deus como o único Senhor da vida e, ao mesmo tempo, a aceitação do outro como meu verdadeiro irmão, superando divisão, rivalidade, mal-entendido, egoísmo; essas duas coisas andam juntas. Ah, quanto ainda precisaremos caminhar nesta jornada para viver realmente a nova lei?

— Audiência Geral, 12 de junho de 2013

Reflexão

Qual é a sua maior luta — amar a Deus ou amar ao próximo? Reserve tempo neste mês para trabalhar em alguma fraqueza nessas áreas. O que Deus o conclama a fazer?

21
OUT

Tornar-se instrumento

Vamos renovar a cada dia a nossa confiança na ação do Espírito Santo, a confiança de que ele age dentro de nós, de que ele está dentro de nós, de que nos dá o zelo apostólico, a paz e a alegria. Deixemos que Ele nos conduza. Que possamos ser homens e mulheres de oração que testemunham o Evangelho com coragem, tornando-nos em nosso mundo instrumentos de unidade e de comunhão com Deus.

— Audiência Geral, 22 de maio de 2013

Reflexão

Que tipo de Cristão você é hoje? Que tipo de Cristão você quer ser? Peça a Deus a cada dia para que o Espírito Santo lhe traga zelo, paz, alegria e oração.

Admiração e contemplação

Cultivar a criação é uma instrução de Deus que Ele ofereceu não só no início da história mas também a cada um de nós [...]. Em vez disso, muitas vezes somos guiados pelo orgulho de dominar, possuir, manipular e explorar; nós não "preservamos" a Terra, não a respeitamos, não a consideramos como um presente dado gratuitamente do qual devemos cuidar.

Estamos perdendo a nossa atitude de admiração, de contemplação, de ouvir a criação [...]. Por que isso acontece? Por que pensamos e vivemos linearmente? Nós nos afastamos de Deus; já não lemos seus sinais.

— Audiência Geral, 5 de junho de 2013

Reflexão

Em sua vida, em que circunstâncias você tende a dominar, possuir, manipular ou explorar? Como a admiração e a contemplação ajudam você nessas áreas?

23
OUT

Nosso verdadeiro tesouro

Queridos amigos, vamos preservar a fé que recebemos e que é o nosso verdadeiro tesouro. Vamos renovar a nossa fidelidade ao Senhor, mesmo em meio a obstáculos e mal-entendidos. Deus nunca deixará que nos falte força e serenidade.

— Homilia, 12 de maio de 2013

Reflexão

Em quais tribunais você vê testada a sua fé?
Como você pode trazer Deus para essas situações?
Onde é que você precisa de força?

24
OUT

Professar o Cristo crucificado

Meu desejo é que todos nós, depois destes dias de graça, tenhamos a coragem, sim, a coragem, de andar na presença do Senhor, com a Cruz do Senhor; de construir a Igreja sobre o sangue do Senhor, que foi derramado sobre a Cruz; e de professar a glória: o Cristo crucificado. E, dessa forma, a Igreja seguirá em frente.

— Homilia, 14 de março de 2013

Reflexão

A mensagem da Cruz é de amor e sacrifício.
Como você pode, com coragem, professá-la a outras pessoas nas ações rotineiras da sua vida?

25
OUT

Uma Igreja com alguns acidentes

Jesus nos diz: "Ide por todo o mundo! Ide! Pregai! Testemunhai o Evangelho!" (cf. Marcos 16:15). Mas o que acontece se saímos de nós mesmos? O mesmo que acontece a qualquer um que sai de casa para a rua: um acidente. Mas eu digo a vocês, até prefiro uma Igreja com alguns acidentes a uma Igreja que cai doente por fechar-se em si mesma.

— Discurso, Vigília de Pentecostes com os Movimentos Eclesiásticos, 18 de maio de 2013

Reflexão

Você se sente vulnerável quando compartilha sua fé com os outros? Talvez você se preocupe com o que eles vão pensar ou como poderão reagir. Mas a eternidade vale o constrangimento. Seja corajoso, compartilhando sua fé com o próximo.

26
OUT

Como uma família, como Igreja

Perguntemo-nos hoje: o quanto eu amo a Igreja? Eu rezo por ela? Eu me sinto parte da família da Igreja? O que faço para garantir que ela seja uma comunidade onde cada um se sinta bem-vindo e compreendido, sinta a misericórdia e o amor de Deus que renova a vida?

A fé é um dom e um ato que nos toca pessoalmente, mas Deus nos chama a viver com a nossa fé, como uma família, como Igreja.

— Audiência Geral, 29 de maio de 2013

Reflexão

Às vezes pode ser difícil amar a nossa Igreja. Você tem algum problema com algum ensinamento da Igreja? Tente aprender mais sobre ela. Você tem algum problema com alguma pessoa específica dentro da Igreja? Esforce-se para perdoar a ele ou a ela.

27
OUT

O que significa adorar a Deus?

O que significa, então, adorar a Deus? Significa aprender a estar com Ele, significa que paramos de tentar discutir com Ele e significa sentir que a sua presença é o que há de mais verdadeiro, mais importante entre todas as coisas.

— Homilia, 14 de abril de 2013

Reflexão

Comece a sua prece pedindo que Deus esteja com você.
Passe pelo menos cinco minutos em silêncio,
meditando sobre a presença Dele.

Esconda meu pecado em suas chagas

Em minha própria vida, tenho visto tantas vezes o semblante misericordioso de Deus, a sua paciência; vi também muitas pessoas encontrarem a coragem para entrar nas chagas de Jesus, dizendo-lhe: "Senhor, estou aqui, aceite minha pobreza, esconda o meu pecado em suas chagas, lave-o com o seu sangue". E eu sempre vi Deus fazendo exatamente isso — Ele as aceitou, consolou, limpou e amou.

— Homilia, Domingo da Divina Misericórdia, 7 de abril de 2013

Reflexão

Os seus pecados não são grandes demais para a misericórdia de Deus. Confie Nele. Peça-lhe perdão. Peça a Ele para limpá-lo. Participe do sacramento da Penitência.

A fé é fortalecida pela proclamação

Será que somos capazes de levar a Palavra de Deus ao meio em que vivemos? Sabemos como falar de Cristo, do que Ele representa para nós, em nossas famílias, entre as pessoas que fazem parte de nosso dia a dia? A fé nasce do ouvir e é fortalecida com a proclamação.

— Homilia, 14 de abril de 2013

Reflexão

Você sabe como falar de Cristo? Anunciar o Evangelho com palavras e ações? Quem em sua vida pode ajudá-lo a aprender a proclamar Cristo aos outros?

30
OUT

Mais próximo do coração Dele

Para Deus, não somos números, somos importantes, é certo que somos a coisa mais importante para Ele. Mesmo que sejamos pecadores, somos o que há de mais próximo do coração Dele.

— Homilia, Domingo da Divina Misericórdia, 7 de abril de 2013

Reflexão

Jesus disse: "Não se vendem cinco passarinhos por dois cêntimos? E nenhum deles está esquecido diante de Deus. E até os cabelos da vossa cabeça estão todos contados. Não temais, pois mais valeis vós do que muitos passarinhos" (Lucas 12:6-8). Em oração, abra-se para a relação íntima que Deus quer ter com você.

31
OUT

De pecadores a santos

Se nós — todos nós — aceitamos a graça de Jesus Cristo, Ele muda o nosso coração e de pecadores nos faz santos. Para tornar-se santo, não é preciso desviar os olhos e procurar em outro lugar, ou ter, por assim dizer, o rosto estampado em um santinho! Não, isso não é necessário.

Para tornar-se santo, só uma coisa é necessária: aceitar a graça que o Pai nos oferece em Jesus Cristo.

— Discurso, 17 de junho de 2013

Reflexão

Para você, o que significa ser santo? Você acha que é possível para você ser um santo aqui na Terra? Ore pelas áreas que o impedem de alcançar esse objetivo e peça a graça de Deus para ajudá-lo.

Janeiro

Fevereiro

Março

Abril

Maio

Junho

Julho

Agosto

Setembro

Outubro

Novembro

Dezembro

1
NOV

A classe média da santidade

FESTA DE TODOS OS SANTOS

Para ser seguro, o testemunho da fé vem em muitas formas, como em um grande afresco em que há uma variedade de cores e tons [...]. No grande plano de Deus, cada detalhe é importante, até mesmo o seu ou o meu pequeno testemunho humilde, ou mesmo o testemunho oculto daqueles que vivem a sua fé com simplicidade nas relações cotidianas de família, de trabalho e nas amizades.

Há os santos de cada dia, os santos "escondidos", uma espécie de "classe média da santidade", como disse um autor francês, essa "classe média da santidade" à qual todos nós podemos pertencer.

— HOMILIA, 14 de abril de 2013

Reflexão

Como as suas relações familiares, profissionais e amizades podem ser um meio para ajudá-lo a crescer mais perto do Senhor? Como você pode encontrar a santidade na sua rotina diária, como um membro da "classe média da santidade"?

2
NOV

Nunca perca a esperança

DIA DE FINADOS

Que os conflitos que semeiam a morte criem espaço para o encontro e a reconciliação que trazem vida. Para todos os que estão sofrendo eu digo com firmeza: nunca percam a esperança! A Igreja está ao seu lado, acompanhando e sustentando você!

— DISCURSO, 20 de junho de 2013

Reflexão

Ore pelas pessoas em sua vida que já faleceram, recordando com gratidão quaisquer bons exemplos que lhe tenham deixado. Ore por aqueles que morreram em todo o mundo sem ninguém que se preocupasse com eles.

3
NOV

Devoções, mas não a Jesus

[Hoje] deparamos com muitos Cristãos sem Cristo. Por exemplo, aqueles Cristãos que, como os fariseus, colocam sua fé, sua religiosidade, seu Cristianismo nas leis: devo fazer isso, devo fazer aquilo. São Cristãos por força do hábito [...]. [Eles] procuram apenas devoções, mas não a Jesus.

Está faltando alguma coisa, meu irmão! Jesus está ausente. Se suas devoções levam-no a Jesus, então são boas. Mas, se elas deixam você ali mesmo onde está, então algo está errado.

— Homilia, Domus Sanctae Marthae, 7 de setembro de 2013

Reflexão

Pergunte a si mesmo: "Minha fé é só uma questão de leis e hábitos? O que posso fazer para colocar com mais determinação Jesus no centro de minhas devoções e do meu tempo na missa?" Recoloque Jesus conscientemente no centro de todas as suas atividades.

4
NOV

O único que pode fazer algo novo

Jesus tem o poder, pelo poder do seu Espírito, para renovar os corações. Precisamos ter confiança nisso. Se não confiamos no poder de Jesus como o único meio de salvação, se não confiamos que Ele é o único que pode fazer algo novo, somos falsos Cristãos, e não verdadeiramente Cristãos.

— *Só o amor nos salvará*, Homilia, 18 de fevereiro de 2012

Reflexão

Você confia no poder de Jesus? Você acha que Ele pode realmente renovar o seu coração? Você acredita que Ele é o único meio de salvação? Peça a Jesus para lhe dar fé.

5
NOV

Oração estéril e incompleta

Que também em nossa vida Cristã, queridos irmãos e irmãs, estejam sempre profundamente unidas a oração e a ação. Uma oração que não o leva à ação prática para com os seus irmãos — os pobres, os doentes, os que necessitam de ajuda, um irmão em dificuldade — é uma oração estéril e incompleta.

Mas, da mesma forma, quando o serviço eclesiástico está atento apenas à ação, as coisas ganham em importância, as funções, as estruturas, e esquecemos a centralidade de Cristo. Quando o tempo não é posto de lado para o diálogo com Ele na oração, corremos o risco de servir a nós mesmos e não ao Deus presente em nosso irmão e irmã necessitados.

— Discurso Angelus, 21 de julho de 2013

Reflexão

A sua oração envolve tanto o diálogo como a ação prática? Converse com Jesus. Ouça-o. Anote o que Ele lhe pedir para fazer, e então vivencie isso.

6
NOV

Uma corrida

A vida do homem na Terra é uma guerra. Jó fala isso, querendo dizer que as pessoas são constantemente postas à prova; ou seja, um teste para superar uma situação e a si mesmas. São Paulo tomou esse preceito e aplicou-o aos atletas que competem em uma arena e devem negar a si mesmos muitas coisas a fim de alcançar o sucesso.

A vida Cristã é também uma espécie de esporte, uma luta, uma corrida em que devemos nos desapegar das coisas que nos separam de Deus.

— *Sobre o céu e a terra — o que pensa o novo Papa Francisco sobre a família, a fé e o papel da Igreja no século 21*

Reflexão

Na Primeira Carta aos Coríntios, São Paulo compara o Cristão a um atleta competindo por um prêmio (ver I Coríntios 9:24-27). Que objetivo você está perseguindo? Em que áreas você precisa de autocontrole? Com que empenho você está correndo?

7
NOV

O caminho percorrido

Lembrar o que Deus fez e continua a fazer por mim, por nós, lembrar o caminho percorrido; isso é o que abre os nossos corações à esperança no futuro. Que possamos aprender a nos lembrar de tudo o que Deus tem feito em nossas vidas.

— Homilia, Vigília Pascal, 30 de março de 2013

Reflexão

Lembre-se do que Deus tem feito em toda a sua vida.
Tenha isso em mente quando for falar com Deus
sobre seus planos para o seu futuro.

8
NOV

Ouvir atentamente

Ouvir não é simplesmente escutar. Ouvir é estar atento. Ouvir é desejar compreender, valorizar, respeitar e salvar. Temos de encontrar os meios para ouvir com atenção, para que cada pessoa possa falar e para que estejamos conscientes do que cada uma deseja dizer.

— *Só o amor nos salvará*, Homilia, 7 de agosto de 2006

Reflexão

Pratique ouvir as pessoas de verdade. Tente entender de onde elas vêm, como se sentem e o porquê. Comece ouvindo atentamente a Deus em oração e procurando entender o que Ele está dizendo a você.

9
NOV

O homem justo pondera

Em vez de pensar no que os outros nos devem, pensemos sobre o que devemos aos outros. Isso contribui para a dignidade humana: o homem justo pondera como pode ser ainda mais justo. Ele age assim sem que ninguém o obrigue. Ele age assim pela honra e pelo prazer que vêm de ser justo, de devolver o que não é seu, de oferecer reparação àqueles que ele enganou.

— *Só o amor nos salvará*, Homilia, 7 de agosto de 2011

Reflexão

A virtude da justiça é centrada no que devemos aos outros. O que você deve aos outros em casa, no trabalho e na sua comunidade? Atualmente, onde você está cumprindo suas obrigações? Onde você pode melhorar?

10
NOV

A letargia das boas pessoas

Alguns podem dizer: "Mas, Padre, como podemos trazer o amor a uma civilização global que, em meio às suas muitas contradições, parece estar caminhando em um curso apocalíptico? Como podemos cuidar da vida do começo ao fim?" O grande Papa Pio XI disse uma vez algo muito desafiador: "Não são as forças negativas da civilização o grande problema do nosso tempo, mas sim a letargia de suas boas pessoas".

— *Só o amor nos salvará*, Homilia, Festa da Anunciação, 25 de março de 2011

Reflexão

Em que situações você está letárgico? O que o impede de agir? Dê um passo hoje a fim de fazer a diferença nesse aspecto.

11
NOV

Ele vê o filho de longe

Sempre me impressiono quando releio a parábola do Pai misericordioso [Lucas 15:11-32] [...] E o Pai? Ele esqueceu seu filho? Não, nunca. Ele está lá, ele vê o filho de longe, ele estava esperando por ele a cada hora de cada dia. O filho esteve sempre no coração de seu pai, mesmo depois de tê-lo deixado, apesar de ter desperdiçado toda a sua herança, a sua liberdade.

O Pai, com paciência, amor, esperança e misericórdia, nunca, por um segundo sequer, parou de pensar nele, e assim que ele o vê ainda longe corre para encontrá-lo e abraçá-lo com ternura.

— Homilia, Domingo da Divina Misericórdia, 7 de abril de 2013

Reflexão

Pense em um momento em que você cometeu um pecado. Como você acha que Deus olhou para você nesse momento? Como isso se compara com a imagem da parábola do Pai misericordioso? Como é que essa perspectiva muda a maneira de pedir misericórdia e perdão?

12
NOV

Senhor da consolação

Não tenha medo, porque o Senhor é o Senhor da consolação, é o Senhor da ternura. O Senhor é um Pai, e Ele diz que será para nós como uma mãe com seu bebê, com a ternura de uma mãe. Não tenha medo das consolações do Senhor.

— Homilia, 29 de junho de 2013

Reflexão

Como você precisa ser consolado? Fale com Deus sobre as provações e as dificuldades em sua vida.

13
NOV

Como é bonito

Não há tempo a perder com fofocas, não há necessidade de esperar por um consenso de todos; o que é necessário é sair e proclamar. Para todas as pessoas, leve a paz de Cristo, e se elas não o receberem, siga em frente mesmo assim. Para o doente, leve a cura, porque Deus quer curar o homem de todo mal.

Quantos missionários fazem isso! Eles semeiam a vida, a saúde, o conforto nas margens do mundo. Como é bonito! Não vivam para si mesmos, mas para seguir adiante e fazer o bem!

— Discurso Angelus, 7 de julho de 2013

Reflexão

Em um nível prático, como lhe parece, no seu cotidiano, quando você vive para os outros e não para si mesmo? Como você está avançando no que diz respeito a deixar o egoísmo para trás? Não deixe que nada o impeça — leve o Evangelho aos outros.

14
NOV

Sempre a destruição

O diabo é [...] um ser que optou por não aceitar o plano de Deus [...]. Jesus o define como o Pai das Mentiras [...]. Seus frutos incluem sempre a destruição: a divisão, o ódio e a difamação. E, na minha experiência pessoal, eu o sinto toda vez que sou tentado a fazer algo diferente do que Deus quer para mim.

Eu acredito no diabo. Talvez sua maior conquista nestes tempos tenha sido fazer com que creiamos que ele não existe.

— Sobre o céu e a terra — o que pensa o novo Papa Francisco sobre a família, a fé e o papel da Igreja no século 21

Reflexão

Você acredita que o diabo existe? Em que área de sua vida ele está tentando seduzi-lo? Como você está lutando contra essa tentação? Confie que Deus vai ajudá-lo a escolher o seu plano e não o do diabo.

15
NOV

Comunhão dos santos

Tenha consciência do companheirismo de toda a Igreja e também da comunhão dos santos nesta missão. Quando enfrentamos desafios juntos, então somos fortes; descobrimos recursos que desconhecíamos. Jesus não chamou os apóstolos a viver em isolamento; chamou-os para formar um grupo, uma comunidade.

— Homilia, Dia Mundial da Juventude, Missa de Encerramento, 28 de julho de 2013

Reflexão

Você escolheu algum santo para ser um amigo, padroeiro, modelo e intercessor para você? Descubra mais sobre esse santo esta semana e peça-lhe para ajudá-lo com os desafios específicos que você está enfrentando agora.

16
NOV

O ídolo deus-dinheiro

Deus não queria que um ídolo fosse o centro do mundo, mas sim o homem, os homens e as mulheres que mantêm esse mundo com o seu trabalho. No entanto, agora, neste sistema desprovido de ética, há no centro um ídolo, e o mundo tornou-se um idólatra desse "deus--dinheiro". O dinheiro está no comando! O dinheiro estabelece a lei! Ele submete todas essas coisas que lhe são úteis, esse ídolo.

E o que acontece? Para defender esse ídolo, todos correm para o centro, os marginalizados são largados à própria sorte e os idosos caem, porque não há lugar para eles neste mundo!

— Discurso, Reunião com Trabalhadores, 22 de setembro de 2013

Reflexão

Onde você vê esse "deus-dinheiro" como um ídolo em nossa cultura? Como ele se torna um ídolo na sua própria vida? Que passo prático você pode tomar para lutar contra esse ídolo na próxima semana?

17
NOV

Parrésia

Devemos orar com parrésia — coragem —, ousadia e confiança. Não podemos ficar parados após ter uma vez rezado. A verdadeira intercessão Cristã consiste em insistir até o fim.

— *Só o amor nos salvará*, Carta aos Sacerdotes e Religiosos, 29 de julho de 2007

Reflexão

Pelo que você está orando agora? Encare o desafio do papa e reze com maior ousadia e consistência.

18
NOV

A verdade realmente existe?

Estamos vivendo em uma época em que as pessoas andam um pouco céticas quanto à verdade. Bento XVI falou frequentemente sobre o relativismo — isto é, a tendência a não considerar nada como definitivo e pensar que a verdade vem do consenso ou de algo de que gostamos.

Surge a pergunta: "a" verdade realmente existe? O que é "a" verdade? Podemos conhecê-la? Podemos encontrá-la? [...] É o próprio Espírito Santo, o dom do Cristo Ressuscitado, que nos faz reconhecer a Verdade.

— Audiência Geral, 15 de maio de 2013

Reflexão

Você já teve dificuldade em confiar na Verdade em uma cultura do relativismo? O que o ajuda a agarrar-se à verdade? Em que situações você é tentado a relativizar? Convide o Espírito Santo a estar com você, a andar ao seu lado e a ajudá-lo a reconhecer a verdade.

19
NOV

Como podemos deixar Jesus sair?

Mas façam a si mesmos esta pergunta: quantas vezes Jesus está do lado de dentro, batendo na porta para ser solto, para sair? E nós não o deixamos sair por causa de nossa própria necessidade de segurança, porque muitas vezes estamos presos em estruturas efêmeras que servem apenas para nos tornar escravos e não filhos livres de Deus.

— Discurso, Vigília de Pentecostes com os Movimentos Eclesiásticos, 18 de maio de 2013

Reflexão

Para onde você se volta quando busca conforto? Como é que pode ir além do seu conforto e buscar o plano que Jesus tem para você? Como você pode deixar Jesus sair?

20
NOV

Proclamar o Evangelho — Isso inclui você

Jesus não disse: "Vá se você quiser, se você tiver tempo", mas disse: "Ide e fazei discípulos de todas as nações". Compartilhar a experiência da fé, dar testemunho da fé, proclamar o Evangelho: esse é um comando que o Senhor confia a toda a Igreja, e isso inclui você.

— Homilia, Dia Mundial da Juventude, Missa de Encerramento, 28 de julho de 2013

Reflexão

Que desculpas você dá para evitar compartilhar sua fé com os outros? Como é que o Senhor o chama a fazer discípulos?

21
NOV

Dicotomia absurda

O grande Papa Paulo VI disse: "É uma dicotomia absurda querer viver com Jesus mas sem a Igreja, seguir a Jesus mas sem a Igreja, amar a Jesus mas sem a Igreja" (cf. *Evangelii Nuntiandi*, n. 16). E essa Mãe Igreja que nos oferece Jesus também nos dá uma identidade que não é apenas um carimbo: é a irmandade. A identidade significa irmandade, pertencimento. Pertencer à Igreja é lindo!

— Homilia, 23 de abril de 2013

Reflexão

Jesus estabeleceu o Reino de Deus aqui na Terra, na forma da Igreja (ver Mateus 16:13-20). Como é que acreditar em Jesus e em sua Igreja molda a sua vida? O que significa para você pertencer a essa Igreja, a esse Reino?

22
NOV

Fiéis

Não é a criatividade, não importa quão pastoral ela seja, nem reuniões ou planejamento que garantem a nossa fecundidade, mesmo que sejam muito úteis. O que garante nossa fecundidade é sermos fiéis a Jesus.

— Homilia, Dia Mundial da Juventude, 27 de julho de 2013

Reflexão

O seu encontro diário com Deus na oração é mais importante do que qualquer outra coisa. É a partir disso que sua fidelidade e seu sucesso fluirão.

23
NOV

Sessenta anos com Jesus

Ontem comemorei o sexagésimo aniversário do dia em que ouvi a voz de Jesus em meu coração. Estou dizendo isso não para que vocês me façam um bolo aqui, não, não é por isso. No entanto, é uma comemoração: sessenta anos desde aquele dia. Eu nunca vou esquecê-lo. O Senhor me fez extremamente consciente de que eu devia tomar esse caminho.

Eu tinha 17 anos de idade. Muito tempo se passou antes que essa decisão, esse convite, se tornasse concreto e definitivo. Tantos anos se passaram, de alguns sucessos e alegrias, mas também de falhas, fraquezas, pecados [...], sessenta anos na estrada do Senhor, atrás Dele, ao lado Dele, sempre com Ele. Eu só digo o seguinte: não tenho arrependimentos! Não tenho arrependimentos! Por quê? Porque me sinto como Tarzã, forte o suficiente para seguir adiante? Não, eu não me arrependi porque sempre, mesmo nos momentos mais sombrios, os momentos de pecado, de fragilidade, de fracasso, eu olhei para Jesus, confiei Nele, e Ele não me abandonou. Confie em Jesus: Ele sempre mantém o curso, Ele caminha conosco!

— Discurso, Encontro com Jovens, 22 de setembro de 2013

Reflexão

Em algum momento de sua vida você firmou um compromisso com Jesus, como fez o Papa Francisco? Quando Jesus esteve com você nessa jornada desde então? O que essas experiências significam para você?

24
NOV

Que tipo de rei?

Mas que tipo de rei é Jesus? Vamos dar uma olhada Nele: Ele monta um jumento, Ele não é acompanhado por um tribunal, não é cercado por um exército como um símbolo de poder. Ele é recebido por pessoas humildes, gente simples que tem o bom senso de ver algo mais em Jesus.

— Homilia, 24 de março de 2013

Reflexão

Qual é a relação entre sua simplicidade e sua capacidade de aceitar Jesus? O que Jesus pede que você colocar de lado para recebê-lo? Onde Jesus lhe pede para ser humilde, para que se torne mais parecido com Ele?

25
NOV

Ele não perguntou nada

Deus pensa como o samaritano que não passou pelo infeliz com pena dele ou olhando para ele do outro lado da estrada, mas o ajudou sem pedir nada em troca, sem perguntar se ele era um judeu, um pagão ou um samaritano, se ele era rico ou pobre: ele não perguntou nada. Ele foi ajudá-lo: Deus é assim. Deus pensa como o pastor que dá a sua vida para defender e salvar suas ovelhas.

— Audiência Geral, 27 de março de 2013

Reflexão

Como Deus excede nossa compreensão do amor e do perdão? De que forma você já o viu extrapolar suas expectativas para ajudar *você*? Como você pode viver fora desse modelo de misericórdia?

26
NOV

Eu não tenho tempo

Alguém pode me dizer: "Mas, Padre, eu não tenho tempo", "Eu tenho tantos afazeres", "É difícil", "O que posso fazer com a minha fraqueza e meus pecados, com tantas coisas?" Muitas vezes estamos satisfeitos com algumas orações, com uma participação distraída e esporádica na Missa de domingo, com alguns atos de caridade; mas não temos a coragem "para sair" e levar Cristo aos outros.

— Audiência Geral, 27 de março de 2013

Reflexão

A nossa compreensão do tempo é relativa aos nossos desejos. Não temos tempo para muitas coisas importantes, mas ficamos distraídos por formas triviais de mídia que desperdiçam nosso tempo e não nos satisfazem. Em que área você precisa dedicar-se a Deus? Onde é que Ele quer que você sirva?

27 NOV

Ilusões de felicidade

Jesus é todo misericórdia, Jesus é todo amor: Ele é Deus feito homem. Cada um, cada um de nós, é aquela pequena ovelha perdida, a moeda que foi extraviada. Cada um de nós é aquele filho que desperdiçou a sua liberdade com falsos ídolos, com ilusões de felicidade, e perdeu tudo. Mas Deus não se esquece de nós; o Pai nunca nos abandona. Ele é um pai paciente, sempre esperando por nós! Ele respeita a nossa liberdade, mas permanece fiel para sempre.

E quando voltamos para Ele, Ele nos acolhe como filhos em sua casa, pois nunca deixa, nem por um instante, de esperar por nós com amor. E seu coração se alegra com cada criança que retorna. Ele celebra porque Ele é alegria. Deus tem essa alegria quando um de nós, pecadores, vai até Ele e pede perdão.

— Discurso Angelus, 15 de setembro de 2013

Reflexão

Considere as vezes em que Deus o salvou do seu pecado — na sua infância, na sua adolescência, em sua vida adulta. Agradeça-lhe pela graça que recebeu e pense sobre os aspectos de sua vida que ainda precisam retornar para Ele.

28
NOV

Não é uma organização cultural

Nós podemos fazer todo o trabalho social que quisermos, e as pessoas dirão: "Que boa é a Igreja, que belo trabalho social que ela realiza!" Mas, se dissermos que fazemos isso porque essas pessoas são a carne de Cristo, isso gera um escândalo [...].

A Igreja não é uma organização cultural, religiosa nem social; não é isso. A Igreja é a família de Jesus. A Igreja confessa que Jesus é o Filho de Deus que veio em carne. Esse é o escândalo, e é por isso que perseguiram a Jesus [...] Se nos tornamos Cristãos apenas razoáveis, sociais e caridosos, qual será a consequência? Que nunca teremos mártires [...].

[Mas quando dizemos que] o Filho de Deus veio e se fez carne, quando pregamos o escândalo da Cruz, haverá perseguição, haverá Cruz. [Não] se envergonhe de viver com esse escândalo da Cruz.

— Homilia, Domus Sanctae Marthae, 1º de junho de 2013

Reflexão

Qual é a diferença entre alguém que vive uma fé cultural e alguém que confessa que Jesus é o Filho de Deus que veio em carne e osso? Como eles poderiam falar e viver de forma diferente? Se alguém testemunha a sua vida, o que dirá sobre você?

29
NOV

Mesmo que observemos todos os seus preceitos

Se em nosso coração não há perdão, não há a alegria do perdão, não estamos em comunhão com Deus, mesmo que observemos todos os seus preceitos, pois é o amor que salva, e não apenas a prática de preceitos. É o amor a Deus e ao próximo que traz satisfação a todos os mandamentos. E este é o amor de Deus, a sua alegria: o perdão. Deus espera por nós sempre! Talvez alguém tenha algum peso no coração: "Mas eu fiz isso, eu fiz aquilo..." Ele espera por você! Ele é o seu pai: Ele espera por você sempre!

— Discurso Angelus, 15 de setembro de 2013

Reflexão

É bom fazer a coisa certa, mas em última análise Deus quer o seu coração. Pense na próxima semana. Em que circunstâncias Deus está chamando você, não apenas a fazer o que é certo mas também a fazê-lo com amor?

30
NOV

Não se deixe distrair

Gostaria de dizer ao povo de hoje que busque entrar na intimidade de seus corações, para conhecer a experiência, o semblante de Deus. É por isso que eu amo o que Jó diz após sua experiência difícil e os diálogos que não o ajudaram de forma nenhuma: "Meus ouvidos já tinham ouvido a teu respeito, mas agora os meus olhos te viram" (Jó 42:5).

O que eu digo às pessoas é que não conheçam a Deus apenas ouvindo. O Deus Vivo é aquele que você pode ver com seus próprios olhos dentro de seus corações.

— Sobre o céu e a terra — o que pensa o novo Papa Francisco sobre a família, a fé e o papel da Igreja no século 21

Reflexão

No passado, onde você viu a Deus? Como é que você o experiencia hoje? Encontre um tempo extra esta semana para buscar o semblante de Deus. Planeje talvez um retiro — mesmo que apenas uma tarde — para dedicar-se mais a Ele.

Janeiro

Fevereiro

Março

Abril

Maio

Junho

Julho

Agosto

Setembro

Outubro

Novembro

Dezembro

1
DEZ

Cultive a dimensão contemplativa

Quando olhamos para Jesus, vemos que antes de qualquer decisão ou evento importante Ele se recolhia em oração intensa e prolongada. Vamos cultivar a dimensão contemplativa, mesmo em meio ao turbilhão de tarefas mais urgentes e pesadas. E quanto mais a missão o chamar a sair às margens da existência, deixe seu coração unir-se mais estreitamente ao Coração de Cristo, cheio de misericórdia e de amor.

— Homilia, Missa com Seminaristas e Noviços, 7 de julho de 2013

Reflexão

Que decisões importantes estão diante de você agora? Como você pode se aproximar de Jesus enquanto resolve as coisas? Reserve tempo ao acordar, em sua oração, em seus pensamentos durante todo o dia e antes de dormir, para pedir a Deus que guie seu caminho.

2
DEZ

Vocês não precisam de mais nada

O que devemos fazer, Padre? Vejam, leiam as Bem-Aventuranças: isso fará bem a vocês. Se quiserem saber o que realmente devem fazer, leiam Mateus, capítulo 25, que é o padrão pelo qual seremos julgados. Com essas duas coisas, vocês têm o plano de ação: as Bem-Aventuranças e Mateus 25. Vocês não precisam ler mais nada.

— Discurso, Dia Mundial da Juventude, 25 de julho de 2013

Reflexão

Leia as Bem-Aventuranças em Mateus 5:1-12 e a cena do Juízo Final em Mateus 25:31-46. Desses trechos, o que se destacou para você? O que disse algo à sua vida agora? Decida tentar vivenciar este mês essa sua visão.

3
DEZ

Quem será contra nós?

Mesmo que hoje pareça que a morte prevalece em suas diversas formas, que a história é regida pela regra do mais forte (ou o mais inteligente) e que o ódio e a ambição são as forças motrizes por trás de tanta discórdia humana, também estamos plenamente convencidos de que essa triste situação, em última análise, pode e deve mudar, pois, "Se Deus é por nós, quem será contra nós?" (Romanos 8:31).

— *Só o amor nos salvará*, Carta aos Sacerdotes, Religiosos e Fiéis de Buenos Aires, 1º de outubro de 2012

Reflexão

Quando confrontado com atitudes e ações de ódio e ambição, você é tentado a lutar usando o mal? Você às vezes se desespera? Fale com Deus sobre os momentos em que se sente impotente. Reflita sobre as ocasiões nas Escrituras em que as situações pareciam terríveis ou desesperadoras. Peça a Deus para ver o mundo pelos olhos Dele e na presença divina.

4
DEZ

Peregrinação terrena

Peçamos ao Senhor que sempre direcione nossas mentes e corações para Ele, como rochas vivas da Igreja, de modo que tudo o que fizermos, toda a nossa vida Cristã, possa ser um luminoso testemunho de sua misericórdia e amor. Dessa forma, vamos trilhar nosso caminho em direção à meta da nossa peregrinação terrena, ao tão belo santuário, à Jerusalém celestial.

— Homilia, Santa Missa com o Rito da Confirmação, 28 de abril de 2013

Reflexão

Que caminho você está trilhando?
Os outros são capazes de enxergar esse caminho — para o bem ou para o mal — por meio de seu exemplo?

5
DEZ

Não tenham medo!

Vocês também estavam falando sobre a fragilidade da fé, sobre como superar isso. O pior inimigo de uma fé frágil — curioso, não é? — é o medo. Não tenham medo! Somos frágeis e sabemos disso, mas Ele é mais forte! Se vocês andarem com Ele, não haverá problema! Uma criança é muito frágil — tenho visto muitas crianças hoje —, mas se está com o pai, com a mãe, ela está segura. Com o Senhor estamos seguros.

— Discurso, Vigília de Pentecostes com os Movimentos Eclesiásticos, 18 de maio de 2013

Reflexão

De que você tem medo? O que o mantém acordado à noite? Peça a Deus para substituir seus medos pela alegria de saber da presença Dele.

6
DEZ

Você é importante para mim

FESTA DE SÃO NICOLAU

A verdadeira alegria não vem das coisas materiais ou das posses, não! Ela nasce do encontro, da relação com os outros; nasce de sentir-se aceito, compreendido e amado, de aceitar, de compreender e de amar. E não é por causa de uma fantasia passageira, mas porque o outro é uma pessoa.

A alegria nasce da gratuidade do encontro! É ouvir alguém dizer, mas não necessariamente com palavras: "Você é importante para mim". Isso é bonito [...] E são essas mesmas palavras que Deus nos faz entender. Chamando você, Deus lhe diz: "Você é importante para mim, eu amo você, eu estou contando com você". Jesus diz isso a cada um de nós! A alegria nasce daí!

— DISCURSO aos Seminaristas e Noviços, 6 de julho de 2013

Reflexão

Em uma época de posses e presentes, como você pode oferecer o dom da presença a outras pessoas? Que medidas podem ser tomadas para que os outros saibam que são importantes para você?

O mais novo smartphone

Alguns dirão: "A alegria nasce de posses", então eles procuram o último modelo de *smartphone*, a moto mais rápida, um carro vistoso [...] Mas eu digo a vocês que realmente me entristece ver um padre ou uma irmã com o mais recente modelo de um carro: isso não pode acontecer! Não pode acontecer. Você pensa: "Então agora temos de ir de bicicleta, Padre?" Bicicletas são ótimas! O Monsenhor Alfred pedala uma bicicleta. Ele anda de bicicleta.

Acho que os carros são necessários porque há muito trabalho a ser feito [...], mas escolha um carro mais humilde! E se você gosta do belo só pense em todas as crianças que estão morrendo de fome.

— Discurso aos Seminaristas e Noviços, 6 de julho de 2013

Reflexão

As Escrituras dizem: "Porque, onde estiver o vosso tesouro, aí estará também vosso coração" (Lucas 12:34). Qual é o seu tesouro supremo, e onde está o seu coração agora?

8
DEZ

Maria soube ouvir

Festa da Imaculada Conceição

Maria soube ouvir a Deus. Tenha cuidado: não era apenas "escutar", uma palavra superficial, mas sim "ouvir", que consiste em atenção, aceitação e disponibilidade para Deus. Não foi da maneira distraída com que, por vezes, encaramos o Senhor e os outros: nós escutamos as suas palavras, mas não ouvimos realmente. Maria está atenta a Deus. Ela ouve a Deus.

— Discurso, 31 de maio de 2013

Reflexão

Maria ouviu atentamente o anjo Gabriel quando foi convidada a ser a mãe de Deus. Atenta às necessidades de Isabel, ela foi até sua prima quando ela precisava de ajuda. Ela contemplou os eventos da Natividade em seu coração. O que você pode aprender com o testemunho de Maria? Como Deus quer que você viva isso nesta época do Advento?

9
DEZ

Deus é assim

Deus não espera que cheguemos a Ele, mas é Ele que se move em direção a nós, sem cálculo, sem quantificação. Deus é assim. Ele sempre dá o primeiro passo; Ele vem em nossa direção.

— Audiência Geral, 27 de março de 2013

Reflexão

Em que aspecto Deus está chamando você a ser como Ele e dar o primeiro passo em direção aos outros? Você precisa se reconciliar com alguém? Precisa fazer um ato de bondade a alguém em sua vida?

10
DEZ

Ele participa de nossa jornada

Jesus [...] entrega-se a nós na Eucaristia, compartilha em nossa jornada. De fato, Ele se faz alimento, o verdadeiro alimento que sustenta a nossa vida também nos momentos em que a estrada se torna difícil e os obstáculos diminuem os nossos passos. E na Eucaristia o Senhor nos faz seguir em seu caminho, o de servir, partilhar, dar; e se compartilhamos o pouco que temos, o pouco que somos, Ele se torna riqueza, pois o poder de Deus — que é o poder do amor — recebe nossa pobreza para transformá-la.

— Homilia, 30 de maio de 2013

Reflexão

Reze diante da Eucaristia por quinze minutos esta semana.
Peça a Deus para transformá-lo por meio desse grande sacramento.

11
DEZ

Ele ergueu sua tenda entre nós

Deus saiu de si mesmo para vir entre nós, Ele ergueu sua tenda entre nós para nos trazer a sua misericórdia que salva e dá esperança. E não devemos nos satisfazer em permanecer na baia das noventa e nove ovelhas se queremos segui-lo e manter-nos com Ele. Nós, também, devemos "sair" com Ele a procurar a ovelha perdida, aquela que se desvia para mais longe. Lembre-se: sair de nós mesmos, assim como Jesus, assim como Deus saiu de si mesmo em Jesus e Jesus saiu de si mesmo para todos nós.

— Audiência Geral, 27 de março de 2013

Reflexão

A Carta aos Filipenses fala de Jesus despojando-se por nós e tornando-se um servo (ver Filipenses 2:5-8). O que você pode aprender com o exemplo de Cristo? Como Ele está pedindo para você sair de si mesmo pelo bem dos outros?

12
DEZ

Confiar na Igreja do Senhor

FESTA DE NOSSA SENHORA DE GUADALUPE

Rezar pela Igreja nos fará bem e beneficiará a Igreja; trará uma grande paz a nós. Pode não eliminar as nossas provações, mas nos fará fortes. Assim, peçamos essa graça de ter o hábito de confiar na Igreja do Senhor.

— HOMILIA, Domus Sanctae Marthae, 30 de abril de 2013

Reflexão

O que você pode fazer para erguer a sua paróquia, seus irmãos e irmãs religiosos, seu pastor, bispo e papa em oração? Você pode incluí-los em suas intenções a cada dia? Esteja em paz, sabendo que eles estão nas mãos do Senhor.

13
DEZ

A estrada de nossas vidas

Esta noite, eu gostaria de fazer ecoar uma questão no coração de cada um de vocês, e gostaria que vocês respondessem honestamente: Eu já me perguntei qual ídolo está escondido na minha vida e me impede de adorar o Senhor? Adorar é despojar-se dos ídolos, mesmo os mais ocultos, e escolher o Senhor como o centro, como a estrada de nossas vidas.

— Homilia, 14 de abril de 2013

Reflexão

Reserve um tempo para pensar sobre a questão colocada pelo Papa Francisco: você já se perguntou qual ídolo está escondido em sua vida e o impede de adorar o Senhor?

14
DEZ

Contemple a beleza e a bondade

Mas então nos perguntamos: é este o mundo em que estamos vivendo? A criação mantém a sua beleza, o que nos enche de reverência, e continua a ser um bom trabalho. Mas há também "violência, divisão, desentendimento, guerra". Isso ocorre quando o homem, o ápice da criação, deixa de contemplar a beleza e a bondade e retira-se para o seu próprio egoísmo.

— Vigília de Oração pela Paz, 7 de setembro de 2013

Reflexão

Reserve um tempo esta semana para contemplar a beleza e a bondade de Deus. Faça uma caminhada. Dê um passeio em um espaço panorâmico. Encha-se de reverência. Contemple a beleza.

15
DEZ

Não decorar a vida com um pouco de religião

Jesus diz aos seus discípulos: "Vocês acham que eu vim trazer paz à Terra? Não, eu vos digo, mas sim divisão" (Lucas 12:51). O que isso significa? Significa que a fé não é um elemento decorativo ou ornamental; a fé viva não significa decorar a vida com um pouco de religião, como se fosse um bolo que confeitamos com creme. Não, isso não é fé.

Fé significa escolher Deus como critério e base da vida — e Deus não é vazio, não é neutro. Deus é sempre positivo, Deus é amor, e o amor é positivo!

— Discurso Angelus, 11 de agosto de 2013

Reflexão

Neste tempo do Advento, considere as áreas em que a sua fé é meramente ornamental. Como você pode fazer de Deus a base de sua vida, e não apenas algo decorativo? Elimine as coisas que só o distraem ou tiram seu foco Dele.

16
DEZ

Onde se vende uma graça?

Algum de vocês sabe quanto custa uma graça? Onde se vende uma graça? Onde posso comprar uma graça? Ninguém pode responder: não. Talvez eu deva ir ao escritório da paróquia; talvez lá vendam graças? Será que algum sacerdote vende uma graça?

Ouça com atenção: a graça não é comprada nem vendida; é um dom de Deus em Jesus Cristo. Jesus Cristo nos dá a graça. Ele é o único que nos dá a graça. É um presente que Ele oferece a nós, a nós. Vamos aceitá-lo.

— Discurso, 17 de junho de 2013

Reflexão

A fim de receber a graça de Deus, temos de abrir espaço para Jesus em nosso coração, deixando-o tornar-se mais à medida que nos tornamos menos. Mas como é que vamos aceitar a graça de Deus? Os sacramentos são um meio — recebemos a essência de Deus na Eucaristia e somos perdoados pelo próprio Cristo no sacramento da Penitência.

17
DEZ

Ele foi tentado como nós

Quantas dificuldades estão presentes na vida de cada indivíduo, entre o nosso povo, em nossas comunidades... Ainda que possam parecer tão grandes, Deus nunca permite que sejamos dominados por elas. Em face desses momentos de desânimo que experimentamos na vida, em nossos esforços para evangelizar ou incorporar a nossa fé como pais, no seio da família, eu gostaria de dizer com energia: sempre saibam em seus corações que Deus está ao seu lado; Ele nunca os abandona!

Nunca percamos a esperança! Nunca a deixemos morrer em nossos corações!

— Homilia, Dia Mundial da Juventude, 24 de julho de 2013

Reflexão

Quando você se sente oprimido ou desanimado?
As Escrituras dizem que "não temos um sumo sacerdote que não possa compadecer-se das nossas fraquezas, mas sim alguém que, como nós, passou por todo tipo de tentação, porém, sem pecado" (Hebreus 4:15). Fale com Jesus sobre os desafios que enfrenta, sabendo que Ele mesmo passou por muitas provações.

18
DEZ

Que entre a sua misericórdia

Peçamos agora a Jesus a graça de abrir os nossos corações para que sua misericórdia possa entrar. Vamos dizer: "Sim, Senhor, eu sou um pecador. Eu sou um pecador por causa disso e por causa daquilo. Venha, venha me perdoar diante do Pai".

— *Só o amor nos salvará*, Homilia, 24 de setembro de 2011

Reflexão

O exame de consciência é uma bela tradição na Igreja. Encontre um guia para essa prática em um livro, on-line, ou em sua paróquia, e use-o todos os dias desta semana. Observe se ele o ajuda a se aproximar de Jesus.

19
DEZ

Tornar-se encarnado

[Jesus] parece não mostrar nenhuma misericórdia por aqueles que tomaram [...] a realidade de um Deus próximo, um Deus que está andando com o seu povo, que se tornou homem [...] e destilaram-na juntamente com suas muitas tradições, tornando-a apenas uma ideia, puramente um preceito, alienando assim tantas pessoas. De fato, Jesus acusará essas pessoas de proselitismo, de serem proselitistas. Elas cruzam o mundo para buscar alguém para fazer proselitismo, e então o sobrecarregam com todas as suas leis e preceitos. Eles alienam as pessoas [...].

Jesus ensinou-nos de outra forma: saindo — saindo para dar testemunho, saindo para preocupar-se com os irmãos e irmãs, saindo para compartilhar, saindo para inquirir. Para tornar-se encarnado.

— *Só o amor nos salvará*, Homilia, 2 de setembro de 2012

Reflexão

Qual é a diferença entre alguém que faz de Jesus apenas uma ideia e alguém que partilha a fé saindo e encontrando os outros? Como as suas vidas se parecem? Como você pode evitar fazer de Jesus um conjunto de regras, e mantê-lo assim como Ele é, uma realidade?

20
DEZ

Ele sempre se faz ouvir

Jesus nem sempre passa na nossa vida com um milagre, [mas] Ele sempre se faz ouvir. Sempre. E, quando o Senhor passa, o que aconteceu aqui [a pesca milagrosa de Pedro, Tiago e João] ocorre sempre. Ele nos diz alguma coisa, Ele nos faz compreender alguma coisa, então Ele nos faz uma promessa. Ele pede algo de nós em nosso modo de vida, Ele nos pede para desistir de algo, para renunciar a alguma coisa.

Ele então nos dá uma missão.

— Homilia, Domus Sanctae Marthae, 5 de setembro de 2013

Reflexão

Onde Deus está se fazendo ouvir na sua vida? O que Ele está pedindo para você abandonar? Para qual missão Ele está chamando você? Reafirme seu compromisso com o que Ele lhe está dizendo. Redobre seus esforços para responder ao chamado do Senhor.

21
DEZ

A prova de que Deus não está com ele

A humildade é o que dá a garantia de que o Senhor está aqui. Quando alguém é autossuficiente, quando tem todas as respostas para todas as perguntas, é prova de que Deus não está com ele.

— *Sobre o céu e a terra — o que pensa o novo Papa Francisco sobre a família, a fé e o papel da Igreja no século 21*

Reflexão

Santo Inácio de Loyola disse uma vez: "Ore como se tudo dependesse de Deus. Trabalhe como se tudo dependesse de você". Quando Deus o chama a confiar mais Nele? Em que circunstâncias Ele está chamando você a trabalhar mais? Peça a graça de viver esse equilíbrio.

22
DEZ

Corações transformados

O amor é o maior poder para a transformação da realidade, pois ele derruba as paredes do egoísmo e enche as valas que nos mantêm separados. Esse é o amor que procede de um coração transformado, de um coração de pedra transformado em um coração de carne, um coração humano.

— Discurso, 17 de junho de 2013

Reflexão

Reflita sobre seu próprio coração. Que partes são de pedra, e que partes foram transformadas? Em que aspecto você precisa de cura, de modo que possa amar melhor ao próximo?

23
DEZ

A lógica do Evangelho

O discípulo de Jesus renuncia a todos os seus bens porque em Jesus ele encontrou o maior Bem no qual todos os outros demais recebem o seu inteiro valor e significado: laços familiares, outros relacionamentos, trabalho, bens culturais e econômicos, e assim por diante [...].

O Cristão separa-se de todas as coisas e redescobre todos na lógica do Evangelho, na lógica do amor e da servidão.

— Discurso Angelus, 8 de setembro de 2013

Reflexão

Reserve um momento para pensar sobre a sua própria lógica do amor e da servidão para com a família, o trabalho e suas posses. Você valoriza mais a Jesus? Você faz da lógica do Evangelho uma prioridade?

24
DEZ

Isso é interessante: Deus é alegria!

Véspera de Natal

Deus é alegria. Isso é interessante: Deus é alegria! E o que é a alegria de Deus? A alegria de Deus é o perdão, a alegria de Deus é perdoar! A alegria de um pastor que encontra a sua ovelhinha; a alegria de uma mulher que acha a sua moeda; a alegria de um pai acolhendo em casa o filho que estava perdido, que era dado como morto mas voltou à vida, voltou para casa. Aqui está todo o Evangelho! Aqui! Todo o Evangelho, todo o Cristianismo, está aqui!

Mas certifique-se de que não é sentimento; ele não está sendo um "benfeitor"! Pelo contrário, a misericórdia é a verdadeira força que pode salvar o homem e o mundo do "câncer" que é o pecado, o mal moral, o mal espiritual. Só o amor preenche o vazio, os abismos negativos que o mal abre nos corações e na história. Só o amor pode fazer isso, e essa é a alegria de Deus!

— Discurso Angelus, 15 de setembro de 2013

Reflexão

Deus quer perdoá-lo. Ele quer que você conheça sua misericórdia e aplique-a aos outros. Como a sua vida pode refletir melhor essa realidade? Você precisa se confessar com mais frequência? Precisa perdoar mais facilmente aos outros? Pergunte a Deus o que Ele quer que você faça com esse grande dom da misericórdia.

25
DEZ

Deus tem um semblante real

NATAL

Depois que Jesus veio ao mundo, é impossível agir como se não conhecêssemos a Deus, ou como se Ele fosse algo abstrato, vazio, uma referência puramente nominal. Não, Deus tem um semblante real, Ele tem um nome: Deus é misericórdia, Deus é fidelidade, Ele é a vida dada a todos nós.

— DISCURSO ANGELUS, 11 de agosto de 2013

Reflexão

O que o presente de Natal significa para você? Como o nascimento de Jesus torna a sua fé mais real e mais humana? Comemore a alegria de sua chegada.

26
DEZ

O sangue dos mártires

FESTA DE SANTO ESTÊVÃO

"Se um membro sofre, todos os membros sofrem com ele; se é honrado, todos os membros se regozijam com ele" (I Coríntios 12:26). Essa é uma lei da vida Cristã, e nesse sentido podemos dizer que há também um ecumenismo do sofrimento: assim como o sangue dos mártires era a semente de força e de fertilidade para a Igreja, assim também a partilha de sofrimentos diários pode se tornar um instrumento eficaz de unidade.

— DISCURSO, 10 de maio de 2013

Reflexão

Os mártires da Igreja mostram a nós como abraçar o sofrimento pela fé. Quando Deus chama você a sofrer? Como esse sofrimento pode ajudá-lo a unificar-se aos outros? Encontre tempo para ouvir sobre as lutas de outra pessoa e ore por elas.

27
DEZ

As coisas novas de Deus

Vejam, as coisas novas de Deus não são como as novidades deste mundo, que são temporárias. Elas vêm e vão, e continuamos buscando mais. As coisas novas que Deus dá às nossas vidas são duradouras, não só no futuro, quando estaremos com Ele, mas hoje também.

Deus está agora mesmo renovando todas as coisas; o Espírito Santo está realmente nos transformando, e por intermédio de nós Ele também quer transformar o mundo em que vivemos.

— Homilia, Santa Missa com o Rito da Confirmação, 28 de abril de 2013

Reflexão

A quais coisas temporárias na vida você se apega? Quando Deus pede que você siga em frente ou deixe para lá? Como você pode tirar essas coisas em seu coração e convidar o Espírito Santo a dar-lhe algo maior e duradouro?

28
DEZ

O Evangelho da vida

FESTA DOS SANTOS INOCENTES

[Há] a ideia de que a rejeição de Deus, da mensagem de Cristo, do Evangelho da Vida, de alguma forma leva à liberdade, à plena realização humana. Como resultado, o Deus Vivo é substituído por ídolos humanos fugazes, que oferecem a intoxicação de um átimo de liberdade, mas, no final, trazem novas formas de escravidão e morte.

— HOMILIA, 16 de junho de 2013

Reflexão

Em sua vida, quando você é tentado a preferir a morte à vida? Quando você escolhe o egoísmo ao dom de si mesmo? Faça disto uma prioridade: ofereça-se de forma verdadeira e significativa aos outros esta semana.

Antiga regra para peregrinos

Há uma antiga regra para os peregrinos que Santo Inácio adota, e é por isso que eu a conheço! Segundo uma de suas regras, a pessoa que acompanha o peregrino deve caminhar ao ritmo dele, não ir na frente nem ficar para trás. Em outras palavras, vislumbro uma Igreja que sabe andar com homens e mulheres ao longo do caminho. A regra do peregrino vai ajudar a nos inspirar.

— Discurso, 21 de setembro de 2013

Reflexão

Quem Deus está chamando você a caminhar lado a lado?
Peça ao Espírito Santo para ajudá-lo a andar no mesmo ritmo,
acompanhando os outros por onde eles vão,
e não por onde você gostaria que fossem.

30
DEZ

Cresça e fortaleça-se

O Evangelho de São Lucas nos diz que, na família de Nazaré, Jesus "crescia e fortalecia-se em espírito, cheio de sabedoria; e a graça de Deus estava sobre ele" (Lucas 2:40). Nossa Senhora faz exatamente isto por nós: ela nos ajuda a crescer como seres humanos e na fé, para sermos fortes e nunca cairmos na tentação de ser um ser humano e um Cristão superficiais, mas viver de forma responsável e esforçar-nos sempre mais.

— Discurso, 4 de maio de 2013

Reflexão

Dizem que leva cerca de um mês para criar um hábito. Considere uma área de sua vida em que você precisa crescer na virtude e passe o próximo mês desenvolvendo o bom comportamento correspondente. Confie esse momento de formação de hábito a Maria.

31
DEZ

Não há paz sem a verdade

Francisco de Assis nos diz que devemos trabalhar para construir a paz. Mas não há paz real sem a verdade! Não pode haver verdadeira paz se todo o mundo usa seu próprio critério, se todos puderem sempre reivindicar exclusivamente seus próprios direitos, sem ao mesmo tempo cuidar do bem do próximo, de todos, com base na natureza, que une todos os seres humanos nesta Terra.

— DISCURSO, 22 de março de 2013

Reflexão

Onde você pode encontrar a verdade que pode lhe trazer a paz? Reserve tempo para ler o *Catecismo da Igreja Católica*. Torne uma resolução de Ano-Novo ler apenas um parágrafo a cada dia no ano que vem. Sua verdade vai lhe trazer a paz!

Aproveite este espaço para escrever para Jesus, e mencionar as graças alcançadas e os pedidos especiais

FSC
www.fsc.org
MISTO
Papel produzido a partir de fontes responsáveis
FSC® C012418

SAIBA MAIS, DÊ SUA OPINIÃO:

www.editorafigurati.com.br

/editorafigurati

@editorafigurati

figurati